LA MORT DE BALTAZAR ROY DE BABILONE,
TRAGEDIE.

Par le Sieur DE CHARENTON.

A PARIS,
Chez IEAN GVIGNARD le fils, dans la grande Salle du Palais, à l'Image Sainct Iean.

M. DC. LXII.

Auec priuilege du Roy.

A MADAME
LA MARQVISE
DE PIENNE.

ADAME,

 Baltazar mon Prince mal-heureux ne se presente pas à vous pour vous faire peur ; c'est vn Mort qui doit appriuoiser toutes celles qui vous ressemblent. I'ose mesme dire, que si les foudres de Dieu ne sont à craindre qu'aux Impies, vous

auez en sa personne dequoi vous asseurer entre toutes les Illustres. Le Ciel vous a comblée de tant de graces & pour le Corps & pour l'Esprit, et vous en auez esté si reconnoissante enuers l'Autheur adorable d'vne si grande Fortune, que ses premieres faueurs n'ont serui que de motif à vos seconds merites. Vous auez si bien vsé des biens qu'il vous a faits, que vous auez droict d'en esperer de plus considerables. Tout Paris admire que vous ne demeurez attaché au Monde, que pour en estre plus prés, & pour lui communiquer vos assistances. Vos Liberalitez sont venuës iusques à moi, & quoi que ce ne soit pas une seule Vertu qui vous attire cét hommage, i'ose vous protester, MADAME, que c'est cette genereuse magnificence qui m'oblige de vous faire un remerciement au nom de tout le Public. Et ie veux bien croire en vous offrant un tel Ouurage, qui a l'approbation d'un assez grand nombre de beaux Esprits, que vous ne blasmerez pas ma hardiesse, & mesme que vous agréerez que ie sois desormais auec autant de fermeté que vous auez de merite,

MADAME,

    Vostre tres-humble, tres-obeissant, & tres-fidele seruiteur,
    DE CHARENTON.

ADVIS.

LECTEVR, pour me deffendre de la censure que tu feras de cét Ouurage, ou pour meriter ton pardon; ie veux bien t'auoüer que c'est mon coup-d'essay, & que dans cette sorte d'Escrits ce sont les premiers fautes que i'ay faites. Les moins indulgents pardonnent tousjours deux fois, & ne chastient gueres qu'à la troisiesme. Si tu considere que ie n'auois iamais fait de vers quand i'ay commencé BALTAZAR, tu croiras bien que dans vn sujet plus heureux, &

apres la serieuse meditation des chefs d'œuures de nos grands Maistres, ie me rendray plus capable de t'entretenir ; ie me promets au moins que ie ne t'ennuiray pas tant. En attendant cette satisfaction, pardonne moy mes fautes, & ne m'impute point celles de l'impression.

Extraict du Priuilege du Roy.

PAR grace & Priuilege du Roy donné à Paris le seiziesme iour de Fevrier 1662. signé par le Roy en son Conseil, DENYS; Il est permis au Sieur de Charenton de faire imprimer vne Piece de Theatre de sa composition, intitulée, *La Mort de Baltazar*, & ce durant le temps de cinq années, à compter du iour qu'elle sera acheuée d'imprimer pour la premiere fois. Et deffences sont faites à tous Imprimeurs, Libraires, & autres, de l'imprimer, ou faire imprimer, vendre, debiter ny contrefaire ledit Liure sans le consentement dudit Sieur de Charenton, à peine aux contreuenans de six mil liures d'amande, confiscation des exemplaires, & de tous despens, dommages & interests, ainsi

'il est plus amplement porté par
dit Priuilege.

Et ledit Sieur de Charenton a ceddé
n droict de Priuilege à Nicolas Pe-
ingué & Iean Guignard fils, Mar-
hands Libraires à Paris, pour en
ouïr pendant ledit temps, suiuant
'accord fait entr'eux.

Acheué d'imprimer pour la premiere fois
le premier Iuin 1662.

Les Exemplaires ont esté fournis.

*Regiftré sur le Liure de la Communauté des Im-
primeurs & Marchands Libraires de cette ville de
Paris.*

ACTEVRS.

BALTAZAR, Roy de Babilone.
ROXANE, Reyne.
MISIA, Princesse.
DOEG, Prince Estranger.
NABAL, Fauory du Roy, & Riual de Doëg.
SIPHAX, Capitaine des Gardes, Amy de Doëg.
SVSANNE, Confidente de Misia.
DANIEL, Prophete.
LES DEVINS.
MANAHEM, Confidente de la Reyne.
CYRVS Roy, assiegeant Babilone.
ARBAS, Capitaine de Cyrus.
PAGES.
GARDES.

La Scene est à Babilone.

LA MORT DE BALTAZAR

ROY DE BABILONE, TRAGEDIE.

ACTE I.

SCENE PREMIERE.

BALTAZAR, DOEG, NABAL, SIPHAX.

BALTAZAR.

Vs tout soit prest Siphax, ie veux que l'on s'employe,
A donner à nos sens le comble de la joye;
Ie veux que dans ce iour, on donne à ses plaisirs
Ce qu'on peut inuenter au delà des desirs,
Que tout soit dans l'excez pour la magnificence,
Allez suiuez mon ordre, & faites diligence.

A

LA MORT

SCENE II.

BALTAZAR, DOEG, NABAL.

BALTAZAR.

Que pense-tu Nabal, de ce grand appareil?

NABAL.

Que iamais tous nos Dieux n'ont rien fait de pareil,
Cét appreſt magnifique eſt pour nous ſans exemple,
Puis qu'on s'y doit ſeruir des vaſes du grand Temple,
Que l'on tient conſacrez au Maiſtre du Deſtin,
Cét ordre nous apprend la pompe du feſtin:

BALTAZAR.

Prince qu'en dites-vous?

DOEG.

Qu'on ne peut dauantage,
Que chez vous la ſplendeur eſt touſiours en vſage;
Que vous ſeul pouuez plus que tous les autres Rois;
Qu'ils vous doiuent cedder & reuerer vos Loix;
Que ce iour monſtre aſſez comme voſtre puiſſance,
Sçait tenir vos ſubjets touſiours en aſſeurance;
Que loin d'apprehender quand vous les protegez,
Ils brauent l'ennemy qui les tient aſſiegez,
Cyrus s'eſt auancé, portant icy ſes armes,
Le bruit de vos exploicts doit le mettre en alarmes.

NABAL.

Contre voſtre valeur ſes efforts ſeront vains,
Il vient chercher ſa perte & tomber dans vos mains.

BALTAZAR.

Qu'aujourd'huy noſtre joye annonce ſa deffaite,
Qu'il cognoiſſe bien-toſt la faute qu'il a faite.

DE BALTAZAR.
NABAL.
Ce ieune Conquerant poussé par son orgeüil,
Est venu sous vos murs se creuser vn cercueil;
Soit sa mort, soit sa fuite, il doit dans l'vne ou l'autre
Enseuelir sa gloire, & releuer la vostre;
Et quelque soit l'espoir dont il s'ose flater,
L'orgueil qui l'esleua le doit precipiter.
BALTAZAR.
Ouy, ie suis resolu de punir son audace,
Et l'effect de bien prés suiura cette menace;
I'en veux faire vne exemple à la posterité
Qui marque ma puissance & sa temerité.
Ce Prince ambitieux que la vanité flate,
A crû nous surmonter, en abordant l'Eufrate,
Et que sans peine il peut, par vn leger combat
Vsurper ma Couronne, & gagner cét Estat:
Mais ie veux que luy-mesme auance sa deffaite,
Qu'il haste sa ruine, ou presse sa retraite,
Et balançant vn peu sur l'vn ou l'autre sort,
Qu'à peine il ait le temps de penser à la mort.
Nabal qu'on ait le soin de prendre vne partie
De nos meilleurs soldats pour faire vne sortie,
Que demain ta valeur luy fasse ressentir
Que quiconque m'attaque attire vn repentir;
Et que Cyrus luy-mesme en cherchant la victoire,
M'a tracé le chemin qui conduit à la gloire.
Cependant celebrons la feste de Belus,
Vous que nous honorons, Dieu, faites le surplus.

A ij

SCENE III.

BALTAZAR, DOEG, NABAL, VN PAGE.

LE PAGE.

SEigneur on vous attend pour la ceremonie.
BALTAZAR.
Allons, allons gouster vne ioye infinie,
Allons sacrifier cent victimes aux Dieux,
Et ne songeons apres qu'aux festins & qu'aux jeux :
Qu'on n'entende par tout que joye & qu'alegresse.
NABAL.
Euitons vn moment cette importune presse. *bas.*

SCENE IV.

NABAL, *seul.*

MOn esprit attaqué de diuers mouuemens
Se trouue partagé de diuers sentimens;
Animé par l'amour, agité par la crainte,
Parmy ces passions dont mon ame est atteinte,
Ie demeure en suspens, si ie dois differer
De cacher mon amour, ou de le declarer,
La crainte d'vn refus qui m'osteroit la vie
D'aborder Misia, me fait perdre l'enuie :
Car en vain iusqu'icy pour plaire à mes desirs
I'ay tanté mille fois d'expliquer mes soupirs

DE BALTAZAR.

Sans parole attaché sur l'object qui m'anime,
Au deffaut de ma voix d'vn soupir ie m'exprime;
Et tousiours retenu par vn profond respect
I'estouffe en moy l'amour qui croit à son aspect.
Ie veux & n'ose pas luy tesmoigner ma peine,
Ie pretens à son cœur, & ie prenois sa haine;
A quoy donc me resoudre en ce fascheux assaut?
Suis-je sans hardiesse? aspire-je trop haut?
Ma fortune aujourd'huy me promet dauantage,
Ie ne puis en douter sans manquer de courage;
C'est trop estre en suspens dans le rang que ie tiens;
Par delà mon pouuoir, peut-il estre des biens?
Tout cede à mon bon-heur, tout cede à ma puissance,
Ce qui me nuit le plus vient de ma deffiance;
Cesse mon cœur de craindre apres l'appuy du Roy,
Triomphe de la peur qui triomphoit de toy;
Vole apres les plaisirs que l'amour te prepare;
On soulage sa peine alors qu'on la declare;
Mais ie la voy paroistre, arrestons.

SCENE V.

MISIA, NABAL, SVSANNE.

MISIA.

IL est temps, *à vn bout*
Ie m'en vais chez la Reyne, & c'est où ie *du theatre*
l'attends.

SVSANNE.

Il vous doit venir voir.

MISIA.

Qui te l'a dit?

LA MORT

SVSANNE.
                              Son Page,
Qui sort d'icy, Madame, exprés pour ce message.
NABAL.
La belle occasion! allons l'accompagner.
Que de charmes! parlons si l'amour doit regner:
Ie vais la deuancer.
SVSANNE.
                    Vous le deuez attendre.
NABAL.
Chasse mon cœur ta peur, quand tu dois entreprendre,
Helas! qu'à son abord ie me trouue surpris,
Madame, vous direz que i'ay trop entrepris,
D'oser vous demander le sujet qui vous meine;
Ie croy que vous allez de ce pas chez la Reine,
Ie vous y conduiray si vous le souhaitez:
I'implore cette grace auprés de vos bontez,
Me le permettrez-vous?
MISIA.
                      Doëg m'y doit conduire.
NABAL.
Vous me refusez donc? mais c'est vous contredire:
I'en diray plus ailleurs, ie veux me retenir.
MISIA.
Acheuez, acheuez, il faut vous preuenir.
NABAL.
Ie voudrois m'expliquer, mais ie ne l'oze faire.
MISIA.
Ne vous expliquez pas s'il n'est pas necessaire.
NABAL.
A vous vouloir seruir pourroit-on se tromper?
MISIA.
Oüy, lors qu'on le pretend c'est trop s'émanciper.
NABAL.
Mais qui pourroit de vous obtenir cette grace?

DE BALTAZAR.
MISIA.
Celuy qui doit sçauoir ce que ie veux qu'il face:
Sçauoir mes volontez, cognoistre mon pouuoir,
Estre dans le respect, c'est estre en son deuoir.
NABAL.
I'ay tousiours pretendu de vous seruir de mesme:
Helas ie n'oze pas luy dire que ie l'aime ? *bas.*
Ie me soûmets à tout, commandez ie suis prest,
Ordonnez-moy la mort, prononcez-en l'arrest,
Tout rigoureux qu'il soit……
MISIA.
    Quel est donc ce langage?
Vostre pretention passe iusqu'à l'outrage.
Ay-je quelque sujet de presser vostre mort ?
Vostre discours au mien a-t'il aucun rapport ?
Changez-moy de propos, ou bien c'est me déplaire.
NABAL.
Vos serez à mes vœux aussi tousiours contraire;
Chercher à vous seruir est-ce temerité ?
Mon respect est garand de ma fidelité :
N'attendez donc de moy que de l'obeïssance;
Ie garderois pluftost à iamais le silence,
Que d'oser vous déplaire ; ah! ne le croyez pas,
I'aime mieux que ma peine auance mon trespas,
Me plaindre en l'attendant & tousiours me con-
  traindre.
MISIA.
Ie ne vois pas pourquoy vous auez à vous plaindre:
Anjourd'huy sous vos loix l'Empire se maintient,
Ce qu'esleue le Roy vostre bras le soustient;
Vous auez en vn mot tout ce qu'on peut pretendre;
Vostre fortune est haute, & ne peut que descendre.
NABAL.
La fortune est fascheuse aux esprits mescontens,
Et vous le deuez croire apres ce que i'entends:

      A iiij

LA MORT

Ie ne la cognois pas au milieu de la pompe,
Son éclat m'eſbloüit, & c'eſt ce qui vous trompe.
C'eſt pour mieux m'abuſer qu'elle fait tant d'éclat,
Malgré tous ſes appas mon mal-heur me combat:
Quoy que ie ſois flatté de viure en eſperance,
Ie ne puis ny garder ny rompre le ſilence;
Ne pouuant me reſoudre à l'vn ou l'autre choix,
Ie laiſſe agir mes yeux au deffaut de ma voix.

MISIA.

A tout voſtre diſcours ie ne puis rien comprendre,
Apres vos dignitez, que pouuez-vous pretendre?
Les honneurs qu'on vous rend ſont autant de teſmoins,
Que pour n'eſtre pas Roy vous ne pouuez pas moins:
A-t'on veu Fauory plus grand dans Babilone?
En plus haut rang d'honneur vit-on iamais perſonne?
Ne gouuernez-vous pas aujourd'huy tout l'Eſtat?
Peut-on ſouhaiter plus, apres ce grand eſclat?
De voſtre ambition ie blaſme la pourſuite,
Lors que l'on pretend trop l'on agit ſans conduite,
Ne vous flattez donc pas d'eſtre eſleué plus haut,
Parlant de la façon c'eſt monſtrer ſon deffaut.

NABAL.

Ie vous le dis encor, i'ay raiſon de me plaindre,
Pour ozer eſperer ie ſuis forcé de craindre;
Mais il faut rompre vn cours d'où coulent mes mal-
    heurs,
C'eſt eſtre trop long-temps l'autheur de mes douleurs:
Il faut ſe declarer, l'emporter ſur moy-meſme,
Parler de mon tourment, & vous dire qui i'aime:
Ie vais trouuer le Roy qu'il ſe joigne à mes vœux,
Puis ie diray de voix ce que ie dis des yeux.

SCENE VI.
MISIA, SVSANNE.
MISIA.
Qvel estrange discours, & que viens-je d'entendre?
Qui n'ose me parler, ose-t'il me pretendre?
Est-ce à moy que s'addresse vn discours si confus?
Pour declarer son feu pouuoit-il dire plus?
Quoy Nabal aujourd'huy seroit si temeraire,
Que d'oser esperer que son rang me d'eust plaire?
Qu'en pense-tu?
SVSANNE.
Madame autant qu'il m'est permis,
Ie diray que Nabal me semble fort soûmis:
Mesme ie ne croy pas qu'il eût la hardiesse
D'oser porter ses yeux iusques à sa Princesse,
Et vous n'auez pas lieu de le tenir suspect;
Sa flamme est pour vn autre, & pour vous son respect;
Iugez-en mieux, Madame, il a trop de conduite.
MISIA.
Du dessein de Nabal tu ne vois pas la suite:
Ah! changeons de discours pour soulager mon cœur,
Dans l'estat où ie suis ie cedde à ma douleur.
SVSANNE.
Quelle est donc vostre peine?
MISIA.
Ah! n'est-ce pas trop dire?
Auant que de parler tu vois que ie soûpire.
SVSANNE.
Madame, auecque moy deuez-vous rien celer?
Vous faites-vous effort auant que de parler?

LA MORT
MISIA.

Oüy, c'est me faire effort de t'auoüer que j'aime,
Dans cét aueu mon cœur entreprend sur moy-mesme:
Ie ne te puis nier que l'amour aujourd'huy
Te reuelle vn secret que ie n'eus qu'auec luy:
Apprend donc que Doëg, ce Prince magnanime,
M'a rendu de l'amour aujourd'huy la victime;
Que son merite extreme a sçeu trop me charmer:
Ma raison ne peut plus m'empescher de l'aimer:
I'ay combatu long-temps, mais il faut que ie cede,
Mon mal-heur est si grand, qu'il n'a point de remede;
Mais quand il en auroit en ce moment fatal,
Le remede seroit plus cruel que le mal:
A quoy m'as-tu reduite, ô tyran de mon Ame?
Demande-tu des pleurs pour soulager ma flamme?
Faut-il que sous tes loix tu captiues mon cœur?
Et qu'il n'ait combatu qu'à te rendre vainqueur?
Tu triomphes de moy malgré ma resistance,
Tu me laisses la peine, & m'oste l'esperance:
Quand te lasseras-tu de me persecuter?
Que ne me quittes-tu quand ie veux te quitter?

SVSANNE.

Pourquoy tous ces transports, & pourquoy ces alarmes?
A qui vous doit cedder vous mettez bas les armes,
Ce Prince vous adore, il soûpire pour vous;
Et sur vous deux l'amour a fait tomber ses coups.
Iusqu'icy son respect a partagé son ame,
Dés long-temps vous sçauriez où l'a reduit sa flamme,
Mais il a toûjours crû que c'est trop en vn iour,
Que d'oser vous aimer, & dire son amour.

MISIA.

Helas! que me dis-tu?

SVSANNE.

Ce qu'il diroit luy-mesme:
Mais son respect l'empesche autât côme il vous aime,

DE BALTAZAR.

Vous traitez vn Amant auec tant de rigueur,
Qu'on n'oseroit le dire, & n'auoir point de peur:
A ce seul nom d'amour vostre esprit prend l'alarme,
Si ce Dieu veut parler il faut qu'il se desarme;
Mais puis qu'il a soûmis vostre cœur sous ses loix,
Qui sans nulle contrainte il vous fait faire vn choix,
Et que vous-mesme enfin estendez son Empire;
Ne vous opposez plus où vostre cœur aspire :
Ceddez sans resistance à des charmes si doux,
Laissez agir l'amour qui triomphe de vous.

MISIA.

Et bien il faut cedder, l'amour icy l'emporte,
C'est trop de resistance où ie suis la moins forte,
Mon cœur trop tost surpris a voulu consentir,
Et ma seuerité n'a peû le dementir:
C'est en vain ma fierté que i'ose encor pretendre,
De conseruer des droicts que ie ne puis te rendre:
Ie ne conteste plus, ie cedde à mon vainqueur,
Ce n'est pas sans combat qu'il a soûmis mon cœur:
Ie ne puis desormais en tout ce qui le touche,
Qu'empescher ce secret de sortir de ma bouche.

SCENE VII.

MISIA, SVSANNE, VN PAGE.

LE PAGE.

Madame icy Doëg demande à vous parler.

MISIA.

Qu'il entre. Il faut mon cœur, il faut dissimuler:
Retenez-vous soûpirs, ie veux cacher ma flamme,
Conseruez mon deuoir.

LA MORT

SCENE VIII.

MISIA, DOEG, SVSANNE.

DOEG.
Excusez-moy Madame,
Si ie vous interromps, ie n'ay peû m'empescher
De vous dire vn auis qu'on m'a voulu cacher:
Nabal pretend, helas!

MISIA.
A quoy?

DOEG.
Le puis-je dire?

MISIA.
Acheuez, Prince.

DOEG.
Auant : souffrez que i'en soûpire:
Que vous approuuerez son amour!

MISIA.
Son amour!

DOEG.
Il vous en doit parler auant la fin du iour.

MISIA.
S'il est assez hardy ie sçauray luy respondre.

DOEG.
Madame, il n'est pas seul qu'amour a pû confondre.
Mais charmante beauté dans mon rigoureux sort,
Malgré tous mes respects, ie dois faire vn effort:
Nabal dans son dessein m'oblige à me contraindre,
M'oblige à vous parler, m'oblige à ne plus feindre:
Il tire de mon cœur le secret de mes feux,
Et pour le preuenir ie vous offre mes vœux:

Le

DE BALTAZAR.

Le mot en est lasché, ma Diuine Princesse,
Mon cœur s'est découuert, blasmez sa hardiesse:
Et Nabal aujourd'huy me donne occasion
D'encourir comme luy, mesme confusion.

MISIA.

Ie mets entre vous deux beaucoup de difference,
Nabal dans sa fortune est homme sans naissance;
Vn homme de deux iours qu'vne aueugle faueur
A pû faire monter au comble du bon-heur:
Ce n'est pas par son rang que l'on peut me pretendre,
Ie suis dans vn degré pour iamais n'en descendre.
Et comme la fortune a pû le rehausser,
Son instabilité peut aussi l'abaisser:
Du faiste du bon-heur, du plus haut de sa rouë
Le faire trébucher, & tomber dans la bouë:
Sujet à ce reuers, il se trouue en danger
D'attendre de son sort le hazard de changer:
Ie sçay mieux distinguer vn homme de merite,
Ie veux des qualitez dont la naissance herite:
Esgal au sang des Roys, ie puis estre son prix:
Mais qui n'est pas né Prince, aura trop entrepris.

DOEG.

Madame, ce discours authorise ma flamme,
Il remet l'esperance & la paix dans mon ame:
Il me donne auantage aujourd'huy sur Nabal:
Et releuant mon cœur, il abbat mon Riual:
Mais puis qu'il donne lieu de vous pouuoir pre-
    tendre,
C'est de vostre bonté que ie veux tout attendre:
Faites donc qu'à l'amour ie doiue mon bon-heur;
Que le feu que ie sens eschauffe vostre cœur;
Que dans l'auersion que Nabal se suscite,
Ie puisse profiter de son peu de merite;
Vostre inclination appuyant mes desirs,
L'amour arrestera le cours de mes soupirs;

B

LA MORT

Et mon cœur se flatant tousiours de l'esperance,
Sans craindre vn temeraire aura sa recompense:
C'est vous vanger Princesse, assez de mon Riual
D'escouter mon amour en haine de Nabal:
Peut-estre ce discours a trop de hardiesse,
Et son emportement vous déplaist, ma Princesse:
Accusez-en mon cœur dont les iustes transports
Par vostre illustre appuy sont deuenus plus forts.

MISIA.

I'excuse vostre ardeur qui ne peut me déplaire,
Mais ie preuois des maux que ie ne puis vous taire:
Vous cognoissez Nabal, il va trouuer le Roy,
Il ne haste ses pas que pour parler de moy,
Vous sçauez que ce Prince en tout le fauorise.

DOEG.

On me doit auertir si le Roy l'authorise,
Mais Madame apres tout, le Roy tout Roy qu'il est,
Pourra-t'il l'emporter contre vostre interest?
Peut-il vous engager, & peut-il vous contraindre?

MISIA.

Côme Oncle ou côme Roy son pouuoir est à craindre:
Ie ne m'explique pas; mais Prince asseurez-vous,
Que Nabal ne peut rien qu'animer mon courroux:
Ie vais trouuer la Reyne, il la pourroit seduire,
Ie veux le preuenir.

DOEG.
Ie vais vous y conduire.

Fin du premier Acte.

ACTE II.

SCENE PREMIERE.
LA REYNE, MANAHEM.
LA REYNE.

IE ne sçaurois changer, & mon pressentiment
N'est que l'auant-coureur d'vn triste euenement:
A ces excez de joye où chacun s'abandonne,
Ie me trouue insensible, & crains pour la Couronne:
Tous ces jeux que le Roy dans ce iour a permis
N'auront pas vn succez tel qu'il se l'est promis:
Ie ne puis le celer ie me sens inquiete;
Pour soulager mon cœur ie cherche la retraite;
De tristesse accablée au milieu des plaisirs,
Mon esprit allarmé m'arrache des soupirs:
Et r'entrant dedans moy pour en chercher la cause,
Ie cede à mes ennuis, & ne puis autre chose.
Cependant tous mes sens à l'enuy dans vn iour
Predisent malgré moy des mal-heurs à la Cour
Et mon ame craignant vn accident funeste,
Banit de mon esprit tout l'espoir qui me reste.

MANAHEM.

Madame pour iuger d'vn pareil changement,
C'est trop peu qu'vn soupçon s'il est sans fondement:
Nos sens sont des trompeurs, toute leur connoissance
N'a souuent pour appuy qu'vne fausse apparence:

R'asseurez vostre esprit, & bannissez du cœur
Ces soupçons importuns qui causent vostre peur:
Lors que le mal nous presse alors il faut se rendre;
Mais sans se preuenir c'est assez de l'attendre.
LA REYNE.
Il est vray que la peur fait plus sur mon esprit
Que n'auroit iamais fait l'injure ou le dépit:
Et que ie consens trop à me rendre inquiette;
Mais la femme qui craint rarement est muëtte.
Et puis pour en parler selon ce que i'en croy,
Tout est certain si tost que ie reuiens à moy:
Quand mon instinct agit tout me paroist funeste,
Rien ne plaist à mes yeux que mon cœur ne deteste;
Ma raison fuit le mal, mon instinct le retient;
L'vn & l'autre combat, l'vn & l'autre soustient;
Tous deux sur mon esprit esperent l'auantage,
Parmy ces mouuemens chacun d'eux le partage:
Il tasche en ce desordre à resister contre eux;
L'vn & l'autre l'emporte & se rend à tous deux:
Et dans ce differend où ie suis la victime,
Mon esprit en suspend rend ma peur legitime.
MANAHEM.
Quoy vous seule inquiete au milieu des plaisirs,
S'opiniastrer seule à pousser des soupirs ?
Et quand toute la Cour se baigne dans la joye,
Vous vous donnez vous seule à la douleur en proye?
Ah! Madame, c'est trop persister dans l'abus,
Le respect me retient de vous en dire plus ;
Et ie ne puis celer que dans vostre tristesse,
On voit peu de courage, & beaucoup de foiblesse.
LA REYNE.
Iuge mieux Manahem, & sur la vision
Qui parut hier au soir dis ton opinion:
Mais sçache où son augure a pû plonger mon ame,
Où les ombres d'vn songe ont reduit vne femme,

DE BALTAZAR.

Apprend par leur recit à iuger si i'ay tort,
De craindre les mal-heurs dont menace le sort.
Hier comme le Soleil retirant sa lumiere,
Eût sur nostre Horison acheué sa carriere;
Estant sur le balcon qui regarde au jardin,
Vn grand feu dedans l'air me parut tout soudain:
Suiuy d'vne Comette auec des lames nuës,
Qui de couleur de sang voloient parmy les nuës.
Ces lames me troubloient, troublant ainsi les airs,
Le Ciel de tous costez faisoit voir mille esclairs:
Tout me parut en feu, tout me parut en guerre,
Et puis tout disparut par vn coup de tonnerre.

MANAHEM.

Ie ne vois rien encor dequoy vous estonner,
Rien encor de fatal qu'on doiue soupçonner.
On a veu fort souuent de semblables Cometes,
Leur cause dissipée est tousiours leurs deffaites.
Des nuages ardans de ces exhalaisons
Qu'attire le Soleil aux plus chaudes saisons;
Et ces Corps embrazez qui vous seruent d'augures,
Nous les voyons en l'air former mille figures:
Nous demeurons surpris, & nostre esprit confus
D'vn effect naturel forme ainsi son abus:
Et c'est d'où vient le vostre.

LA REYNE.

Il faut sçauoir le reste.
A cette vision que ie crûs lors funeste,
I'appellé de mes gens, & pour dire en deux mots,
Ie me fis mettre au lict pour chercher du repos:
Le trauail, le chagrin dont i'estois abbatuë,
Assoupissent mes sens, ah le reste me tuë!
Ie vis ce mesme feu qui me parut en l'air,
Tomber sur ce Palais en forme d'vne esclair:
Passer dans le grand Teple, & côme vn coup de foudre
Renuerser nos Autels, & les reduire en poudre:

B iij

LA MORT

Apres nombre de gens les armes à la main
Violenter la garde & se faire chemin:
Qui n'ayans pas le temps de se mettre en deffence,
Se laisse massacrer sans faire resistance:
Alors ces inhumains animez de fureur,
Firent de cette ville vn spectacle d'horreur:
Ie n'entendis que cris, ie vis tout au pillage:
Ie n'oüis que clameurs, ce ne fust que carnage;
Que tristes sons de voix, gemissans en tous lieux,
Que cris à mon oreille, & qu'horreur à mes yeux:
Ce n'est pas tout, helas ie fremis quand s'y songe:

MANAHEM.
Il ne vous souuient pas....

LA REYNE.
De quoy?

MANAHEM.
Que c'est vn songe.

LA REYNE.
C'est vn songe il est vray, mais qui fait tant d'hor-
reur.
Qu'en repassant dessus ie tremble encor de peur.
Ces mesmes ennemis sans assouuir leur rage,
Pour répandre du sang r'animent leur courage,
Ils forcent ce Palais, ils en veulent au Roy,
Nous voila tous reduits dans le dernier effroy:
Nous ne poussons que cris, & la mort au visage
Des plus horribles traits nous dépeint son image:
Le tumulte s'augmente, & nos cris redoublez,
Ne hastent que nos maux pour en estre accablez:
Le Roy reprend courage, & sous le Diadéme
Son cœur se r'affermit en ce peril extréme,
Secouru par les siens, il resiste long-temps;
Il brane leur effort, mais enfin de ses gens
La plus part, ou blessez ou demeurez sans vie,
Laissent ce Prince en proye à leur lasche furie.

DE BALTAZAR.

Ie le voy massacrer de trois coups de poignard,
Qui luy percent tous trois le sein de part en part;
On arrache son Sceptre, on brise sa Couronne,
Dans la cheute du Trosne on abbat sa personne,
En cét estat sanglant il se iette à mes bras,
Pour demeurer vnis mesme apres le trépas.
Vne sueur alors se coule de mes vaines,
Qui redoublant ma peur, redouble encor mes peines;
Vn grand cry que ie pousse interromps mon sommeil,
Et trouue mon repos auecque mon reueil.
Cependant.....

MANAHEM.

Quoy Madame auez-vous autre chose?
Les vapeurs de la nuict qui vous troubloiët sans cause,
Qu'ont-elles peu former dans vostre souuenir?
Qu'vn songe assés leger qu'on voit esuanouyr?
Le mensonge le suit tous deux l'vn comme l'autre.
Ne peuuët rien pour nous, pourquoi craindre le vôtre?

LA REYNE.

Le songe aux Souuerains est vn auis des Dieux.

MANAHEM.

Pour en estre certaine il faut le sçauoir mieux.

LA REYNE.

On ne le sçayt que trop alors qu'il espouuente.

MANAHEM.

C'est plustost croire vn mal qu'vn faux sonpçon inuente.

LA REYNE.

Ie ne puis negliger vn salutaire auis.

MANAHEM.

Si vous suiuez les bons les miens seront suiuis
Mais i'aperçois le Roy, chassez vostre tristesse,
Contreignez vous vn peu cachez cette foiblesse.

LA REYNE.

Ie ne puis.

E iiij

LA MORT

SCENE II.

LE ROY BALTAZAR, LA REYNE MANAHEM, NABAL.

LE ROY.

Quoy Madame est-ce approuuer nos jeux,
Que d'estre dans la crainte & les larmes aux yeux?
Tousiours dans la retraitte à craindre des chimeres?
Des ombres d'vne nuict en faire des misteres?
C'est s'outrager soy-mesme, & souffrir des douleurs,
Qui naissent seulement de vos propres erreurs:
Le succez que i'attends apres vne sortie,
Vous desabusera de vostre resuerie:
Vous cognoistrez l'erreur de ces illusions.

LA REYNE

I'escoureray plustost leurs persuasions:
Ie ne puis me cacher l'horreur de leur idée,
Malgré-moy mon instinct a mon ame obsedée:
C'est en vain que i'oppose à ces rudes transports,
D'vn esprit accablé les plus puissants efforts:
Ie le sens trop soûmis à me faire tout craindre,
Et ne resistant plus ie ne puis me contraindre:
Dans le Temple, Seigneur, faisant priere aux Dieux;
I'ay senty de mes sens vn combat furieux
Cette rebellion m'imprime tant de crainte,
Que des maux à venir ie sens des-ja l'atteinte;
Et parmy tous nos jeux tant d'acclamations,
Font d'vn mal-heur caché mes apprehensions.

LE ROY.

Non, non, de vostre cœur bannissez les alarmes,
La crainte doit cesser à l'abry de mes armes:

DE BALTAZAR.

Cessez vous dis-je encore d'attendre de nos jeux,
Qu'vne joye infinie, & qu'vn succez heureux:
Et mon ame en ce iour aura cét auantage,
De voir remplir mes vœux malgré ce vain presage.

LA REYNE.

Dans le doute où i'en suis ie vais me retirer,
Et resoudre mon ame à pouuoir esperer.

SCENE III.

LE ROY, NABAL.

LE ROY.

ON ne peut empescher vne femme de craindre.

NABAL.

La Reyne a de la peine à se pouuoir contraindre.

LE ROY.

Le temps dissipera sans doute son chagrin,
Qui conseille ce sexe agist souuent en vain:
Mais changeons de discours, ie veux en cette feste,
Que ton amour Nabal r'emporte sa conqueste:
Qu'aujourd'huy ton Hymen couronne tes souhaits.

NABAL.

Quand vous serez content les miens sont satisfaits,
A vos bontez Seigneur ie suis trop redeuable,
Tout apres vostre appuy doit m'estre fauorable,
Mon cœur peut aspirer au faiste du bon-heur,
Pour se voir aujourd'huy dans l'amour le vainqueur:
Mais mon mal-heur encor desespere mon ame.

LE ROY.

Quel mal-heur?

NABAL.

La Princesse est contraire à ma flamme;

LA MORT

LE ROY.
Ose-t'elle.....

NABAL.
Appuyé Seigneur de vostre aueu
Ioint que vostre serment authorisoit mon feu,
I'ay creu que mon amour deuoit sans plus attendre
Aller offrir ses vœux pour oser tout pretendre :
I'ay donc à la Princesse expliqué mes desirs
Poussant en luy parlant tousiours quelque soupirs :
Qui comme les tesmoins de l'ardeur de mon ame
Alloient luy découurant ma plus secrete flame:
Elle iette vn regard ; mais d'vn œil furieux
Son visage rougit, & ie vis dans ses yeux
Son esprit mediter vne rude réponse,
Sa colere la dicte & son depit l'annonce,
Et quoy, m'a-t'elle dit, d'vn ton plein de fierté
Hé d'où vous vient Nabal cette temerité
D'oser iusques à moy porter vostre esperance ?
D'où vous vient cét orgueil ? d'où naist cette licence ?
Qu'vn sujet de mon pere, vn homme de bas lieu,
Me puisse impunément depeindre icy son feu.
Ce rang que vous tenez vous fait-il mécognoistre
Cét éclat de faueur où l'on vous voit paroistre ?
Vostre fortune enfin au faiste du bon-heur
Vous fait-elle esperer d'atteindre à ma grandeur?
Vous rend-elle si vain que vous puissiez pretendre
Que le sang de vos Roys se resolue à descendre ?
Non, non, ne croyez pas qu'on reproche à ce sang,
Que l'on l'ayt veu déchoir de cét Illustre rang
Sans doute elle eût poussé son discours dauantage,
Mais la Reine arriuant on changea de langage,
Ie demeuré surpris & mon esprit confus,
Auant que de répondre a connu son refus.

LE ROY.
Et quoy cette Princesse a donc assez d'audace

DE BALTAZAR.

Pour mespriser vn choix que ie veux qu'elle face?
Sçait-elle qu'vn reffus attire mon courroux?
NABAL.
I'ay découuert mon feu sans luy parler de vous.
LE ROY.
J'iray, j'iray moy-mesme apprendre à cette fiere,
Qu'elle doit à mon choix se rendre la premiere:
Tu ne dois pas aussi t'espouuanter si fort,
La colere en amour ne m'effraid pas d'abord,
Vne fille à ces mots de soupirs & de flamme,
Ie languis, ie me meurs, ie gemis & ie pasme,
S'emporte quelque fois iusqu'au ressentiment,
C'est la surprise alors qui mal-traite vn Amant;
Mais qu'elle eut pour mon choix la moindre repu-
    gnance,
C'est te tromper Nabal, c'est trop de deffiance,
Non, non, c'est de ce choix qu'elle attend vn Espoux,
Et mon commandement calmera son courroux.
NABAL.
Mais l'Espoux qu'elle attend est né pour la Cou-
    ronne,
Il doit estre né Prince, & c'est ce qui m'estonne.
LE ROY.
Ne crains rien, il suffit, la puissance des Rois
N'estant point limitée, est tousiours dans les droits
De mettre vn Fauory dans vn degré supreme;
N'en distinguer le rang que par le Diadéme,
La qualité de Prince au Trosne peut monter,
Mais iusques là ta place est plus à souhaiter,
Ne partage-tu pas auec moy ma puissance?
C'est de ce haut degré d'où vient la dependance,
Et l'inégalité de son rang & du tien,
Qui pour en triompher possede tout le mien:
Apres cét auantage as-tu plus rien à craindre?
Crois-tu que la Princesse ait suiet de se plaindre?

LA MORT
NABAL.
Tant de bontez Seigneur me rendent tout confus,
L'amour promet beaucoup, vous donnez encor plus:
Que ne vous dois-je point?
LE ROY.
Espere en ma promesse,
Mais nous perdons du temps, voyons cette Princesse

SCENE IV.
DOEG, SIPHAX.
SIPHAX.
Le Roy passe Seigneur.
DOEG.
Tirons-nous à costé.
SIPHAX, *reprenant son discours.*
I'estois donc à la porte, où i'ay tout escouté:
Le Roy sans differer promet cette Himenée,
De l'accomplir ce iour sa parole est donnée.
DOEG.
Sa parole est donnée.
SIPHAX.
Ouy Seigneur par serment,
Le Roy s'est engagé.
DOEG.
Par quel consentement?
SIPHAX.
Luy seul.....
DOEG.
O juste Ciel! quelle est sa tirannie!
Que ie souffre Siphax, ma peine est infinie!
Amour,

DE BALTAZAR.

Amour, respect, vengeance, où me reduisez-vous?
Faut-il me voir contraint à perir sous vos coups?
Ne portez-vous mon cœur apres vn tel outrage,
Qu'à pousser des souhaits sans oser dauantage?
Faites-vous trois partis dans mon mal-heureux sort,
Pour me rendre ou vainqueur, ou vaincu du plus fort,
Importunes raisons qui suspendez mon ame,
Ne me combattez plus, ou me laissez sans flamme,
Ah resolution accours à mon secours!
Prend l'vn des trois partis, & le poursuis tousiours;
Dans l'estat où ie suis dis moy que dois-je faire?

SIPHAX.

Courir au plus certain & sans plus vous le taire,
Chercher dans vostre bras le secours asseuré,
N'attendez que de luy de vous voir preferé:
A la faueur du Roy Nabal sur vous l'emporte,
Pour changer vostre sort sa perte vous importe:
Ce seul secours vous reste, il faut que dans ce iour,
Vous perdiez vn Riual, & vangiez vostre amour:
La Princesse contre elle au bruit d'vne menace,
Peut manquer de courage, & craignant la disgrace,
N'osera resister aux volontez du Roy,
Et se verra contrainte à vous manquer de foy:
Car ne presumez pas que iamais la Princesse,
Contre l'obeïssance insiste s'il la presse:
Le Roy par sa parole engagé comme il est,
Veut que sa volonté serue auiourd'huy d'arrest:
Iugez par ces raisons ce que peut sa puissance;
Mais sans tant balancer courez à la vengeance:
Vostre Riual à bas, esperez tout pour vous,
Si l'amour doit regner, vostre bras doit des coups,
Seigneur le temps me presse, Adieu ie me retire.

C

SCENE V.

DOEG, *seul.*

DOEG.

QVoy Nabal tu pretens où mon amour aspire?
Tu pretens aujourd'huy r'emporter dessus moy
Le fruict de ma conqueste à la faueur du Roy?
Cesse de te flater de ta vaine esperance,
Ne crois pas que mon bras cedde à ton insolence;
Animé de colere, & poussé par l'amour,
Il faut que de mes coups tu sois priué du jour;
Tu ne peux eschapper à ma juste vengeance,
Il faut que dans ton sang ie laue ton offence;
Mais il faut que l'addresse en cette occasion,
Conduise les moyens de ta punition:
Il faut dissimuler pour faire dauantage,
Que dans quelque discours de soy-mesme il s'engage,
Sous des mots ambigus il se sente poussé,
Et fasse vne responce où ie sois offencé:
Ainsi dans vn combat engagé par sa faute,
Ie recouure en sa mort le prix que le Roy m'oste.
Honneur, Maistresse, Amour, partisans de mon sort,
Ne vous esloignez pas, seruez-moy de support:
Redoublez vos efforts pour animer mon ame,
A l'ardeur qui m'anime adjoustez vostre flame,
A l'enuy donnez-moy des mouuemens pressans,
Et me vengez des maux que pour vous ie ressens.

Fin du second Acte.

ACTE III.

SCENE I.

LE ROY BALTAZAR, MISIA.

LE ROY.

IE vous l'ay defia dit, ma parole est donnée,
I'en ay fait vn serment, ie veux cette Himenée;
Quelles sont vos raisons pour refuser ce choix?

MISIA.

Nabal est sans Naissance, & moy du sang des Roys,
Apres cette raison, en faut-il dauantage?
Pourrois-je m'abaisser sans me faire vn outrage?
Pourrois-je sans mespris desroger à mon sang?
Acheuer sa fortune aux despens de mon rang?
Non, non, c'est trop Seigneur pour Nabal entreprendre,
Vos souhaits & les siens ailleurs doiuent pretendre,
Il est d'autres partis d'vn sang plus qu'il ne vaut,
M'abaissans iusqu'à luy, ie tombe de trop haut,

LE ROY.

Misia vos fiertez excitent ma colere,
Ie puis sur vous comme Oncle autant que vostre Pere;
Quand Euilmerodach, à qui i'ay succedé,
Malgré les vœux publics soudain fut decedé,
Ne m'a-t'il pas laissé n'ayant que vous de fille,
Le soin de vous garder, vous ioindre à ma famille?
De vous bien esleuer, d'auoir les yeux sur vous?
Dans vn âge plus meur vous choisir vn Espoux?

C ij

Auec des yeux de Pere, enfin tenir la bride
A vos intentions pour en estre le guide?
Se font ses derniers mots, dans ses derniers soupirs,
Ce n'est donc qu'à moy seul à regler vos desirs:
A vous aueuglément d'obeyr sans respondre.
MISIA.
Mõ cœur chasse vn respect qui me laisse côfondre. *bas.*
LE ROY.
Nabal est sans deffauts, homme dont les exploits
Ont porté son merite à s'esgaller aux Roys,
Il a forcé cent fois, cent remparts, cent murailles,
Combattu comme vn Mars au milieu des batailles,
Fait redouter mon nom au bruit de ses combats,
De Prouince en Prouince estendu mes Estats,
Il doit à ce merite & non à sa naissance,
Son esclat & son rang qu'il tient pour recompence.
Son bras par son courage a sceu vaincre son sort,
Les vns l'ont de naissance, & luy brauant la mort.
Qui doit mieux en ce genre auoir le plus d'estime
Celuy que la nature a fait naistre sublime;
Ou luy que cette ingrate a produit sans faueur,
Pour ne deuoir qu'à soy sa gloire & son honneur?
Iugez par ses hauts faicts l'honneur & l'auantage
Que ie choisis pour vous.
MISIA.
Mon cœur reprend courage, *bas.*
Cette haute vertu Seigneur que vous vantez,
Ce courage inuincible, & tant de qualitez,
Croyez vous que Nabal soit seul qui les possede?
Et pensez vous qu'vn Prince en courage luy cede?
Il en est aujourd'huy dont les fameux exploicts
Font redouter leur nom, & reuerer vos Loix:
Tous les peuples vnis par leurs bras à l'Empire
Sont des tesmoins certains qu'on ne peut contredire:
Ie pourrois adjouster leurs glorieux combats,

La perte d'Arfaxade, en gaignant ses Estats;
Mais la comparaison fait tort à leurs conquestes,
C'est fletrir les lauriers qui couronnent leurs testes:
Il suffit donc pour moy d'estre du sang Royal,
Pour porter mes desseins au dessus de Nabal:
Ie sçay ce que ie dois, mais cette difference
Attend vn autre choix digne de ma naissance:
Mon sang pretend regner, le sien me le deffend,
A de plus haute partys ma naissance pretend.

LE ROY.

Moy ie pretens aussi pour luy qu'on m'obeisse,
Si ie rompt mon serment, que le Ciel m'en punisse.
Ie donne à vous resoudre encor iusqu'à demain;
Mais ce délay passé vostre refus est vain:
Ie sçauray vous punir si vostre humeur s'obstine
A refuser l'espoux que ma main vous destine.

MISIA.

Le Ciel disposera mieux que vous de mon sort,
Tel est maistre de luy, qui ne craint point *en s'en allant*
    la mort.

LE ROY.

Nous verrons de nous deux qui doit ceder à l'autre,
Et si ma volonté se regle sur la vostre.

SCENE II.

LE ROY, NABAL.

Nabal caché escoutant par l'ordre du Roy.

LE ROY.

AS-tu tout entendu

LA MORT

NABAL.

Seigneur c'est ma douleur,
J'apprends de son refus jusqu'où va mon mal-heur:
Vostre amitié combat, mais sa fierté l'emporte,
Contre vostre puissance elle devient plus forte,
Et loing d'aprehender vostre juste courroux,
Se condamne elle mesme à tomber sous ses coups.
Jugez par là Seigneur de l'excez de ma peine.

LE ROY.

Ne t'espouuante pas de son humeur hautaine,
Je sçauray la flechir, repose toy sur moy,
Espere en ma parole & laisse agir ton Roy:
Mais que nous veut Siphax?

SCENE III.

LE ROY, NABAL, SIPHAX.

SIPHAX.

Seigneur je viens d'apprendre,
Par vn auis certain que l'on veut vous surprendre:
Par vn complot deux Iuifs sont sortis ce matin,
Pour aduertir Cyrus que la ville en festin
Donnoit occasion ce soir à la surprendre;
Là dessus j'ay mandé les chefs pour les entendre,
Sçauoir les conjurez de cette trahison,
J'en ay fait mal-traiter, j'en ay mis en prison;
En tous je n'ay connu que ruse & que deffaite,
Et sur leur attentat leur bouche estoit muëtte;
Je les ay fort pressez, redoublé leur tourment,
Et tous ont respondu par des cris seulement.

DE BALTAZAR.

LE ROY.
Il falloit que la mort à force de suplices,
Contraignit l'vn des chefs à nommer leurs complices.

SIPHAX.
Vn d'eux intimidé par l'horreur du tourment
S'efforça de parler à mon commandement,
Il me fit vn recit de quelques propheties,
Ne tendant qu'à cacher leurs lasches perfidies;
Dans ces predictions fondoit leurs libertez,
Et dans leur sotte erreur cherchoit des veritez:
Les autres estonnez qui gardoient le silence,
Reprirent la parole à cette extrauagance,
Il est vray, dirent-ils, s'il faut le declarer,
Par vne prophetie on nous fait esperer;
Qu'aujourd'huy nous deuons sortir de l'esclauage,
Que le temps est venu de reprendre courage;
Que nostre liberté finira nos mal-heurs;
Et la joye en sa place appaisant nos douleurs,
Brisera les liens sous qui la race Iuifue
Voit depuis si long-temps sa nation captiue:
De chimeres ainsi se repaissant l'esprit,
Trouuent leurs libertez, mais ce n'est qu'en escrit.

NABAL.
L'extrauagance est grande!

SIPHAX.
                      Encor plus ridicule
De se croire estre libre alors qu'on est credule.

LE ROY.
Mais chacun du complot s'est-il bien deffendu?
Sçauoient-ils la sortie, & qu'ont-ils respondu?

SIPHAX.
I'ay fait de vains efforts pour sçauoir dauantage,
Sur cette question il changeoit de langage.

LE ROY.
Quoy lasche nation briguer contre ton Roy?

LA MORT

Trahir ton Souuerain, & t'attaquer à moy!
Tu sçauras desormais iusques où va ma vengeance;
Mon courroux dans ton sang lauera ton offence:
Esclaues vous sçaurez à force de tourmens,
Iusques où va ma rigueur dans mes ressentimens:
Ie vous détourneray de l'vsage des crimes
Par vn iuste surcroist de peines legitimes:
Que par la mort les chefs de cette nation, *se tournant*
Trouue demain le fruit de leur prediction: *vers Siphax*
Tous les iours sans pitié que quelqu'vn au supplice
Satisface à l'Arrest qu'exige ma Iustice:

NABAL.

Il est plein d'équité : mais quel est leur pouuoir:
Pour quitter vos plaisirs & vous en esmouuoir?
Babilone, Seigneur, seroit-elle alarmée
Pour vne nation si vile & desarmée?
Les bleds pour nous nourrir dont nous auons amas,
Tant dedans que dehors monstre qu'on ne craint pas.
Vos magazins fournis pour plus de vingt années,
Nous mettent à couuert de ces foibles menées,
Et puis Semiramis a basty des rempars
Qui nous tiennent assez à l'abry des hazars.

LE ROY.

Non, ce qui me surprend n'est que leur perfidie,
Ie sçay que leur pouuoir ne passe pas l'enuie:
A nos plaisirs aussi ie veux donner ce iour;
Mais apres ie sçauray les punir à leur tour.
Qu'à la joye vn chacun. Mais que nous veut la Reyne.

DE BALTAZAR.

SCENE IV.

LE ROY, LA REYNE, DOEG, NABAL.

LE ROY.
Quel sujet donc Madame en ce lieu vous ameine?

LA REYNE.
Vn bruit qui court, Seigneur, qu'vne prediction
Que deux Iuifs.....

LE ROY.
Ie sçay tout, & leur sedition;
Mais ie crains peu Madame à l'abry de mes armes,
Ma force est au dessus de ces vaines alarmes,
Ie sçauray m'en venger auec tant de rigueur,
Que le siecle à venir en aura de l'horreur;

LA REYNE.
Pour éuiter Seigneur vn mal-heur qui s'auance,
Quand on court au deuant on court à l'asseurance:
Il faut donc employer ce qui depend de nous,
Pour repousser le bras dont on preuoit les coups:
Et se mettre en estat sçachant leurs entreprises,
De chasser le danger nous gardant de surprises:
Et preuenant la ruse où vont nos ennemis,
N'en estre pas deceus pour s'estre trop promis:
C'est éuiter par là les maux qu'ils nous predisent,
Et se deffiant d'eux empescher qu'ils ne nuisent.
Voila mon sentiment, ne le negligez pas,
Seigneur il aduertit d'esuiter vn faux pas,
Il aduertit encor de redoubler la garde,
Et qu'en craignant vn peu iamais on ne hazarde.
Il aduertit de plus que pendant des festins,
Vn ennemy rusé peut aller à ses fins.

Il aduertit.....

LE ROY.

Enfin qu'vn songe vous estonne,
Vne vapeur de nuict ne peut nuire à personne:
Bannissez, bannissez cette vaine terreur,
Qui cause vostre crainte, & vous abbat le cœur.
Quel danger courons-nous dedans nos forteresses?

LA REYNE.

Celuy d'estre surpris pendant nos allegresses.

LE ROY.

Quoy vous craignez Cyrus dans l'heure du festin?
A l'abry de nos murs ie braue le destin:
Encor qu'il ait gagné l'vn des bords de l'Eufrate,
Il faut pour gagner l'autre, il faut qu'il nous combate,
Qu'il surmonte & les Dieux, l'Onde, la terre & nous,
Auant qu'estre au hazard de tomber sous ses coups.
Ce sont là des raisons pour calmer vostre crainte,
Et donner à nos jeux le temps de vostre plainte:
Allons donc regagner des momens precieux,
Allons recompenser le temps perdu sans eux..

SCENE V.

DOEG, NABAL.

DOEG.

Quoy vous ne suiuez pas, vous vous ferez attendre,
Nabal, le Roy qui doit pour vous tout entre-
  prendre,
Qui regle ses desirs sur vostre volonté,
Se trouuera surpris que vous l'ayez quitté:
Flatté d'vn doux espoir d'auoir de sa puissance
Le fruict de vostre amour, c'est trop de negligence:

DE BALTAZAR.

Songez donc qu'vn Amant qui cherche de l'appuy
Peut perdre sa faueur en s'esloignant de luy.
NABAL.
De tels auis sont bons à donner à quelque autre.
Qui n'en demande aucun, ne cherche pas le vostre:
Vous vous connoissez mal à donner du conseil,
Mon credit sans vos soins me rend tousiours pareil,
Porte tous mes desseins auec cét auantage,
Qu'on verra sa faueur dans l'amour qui m'engage.
DOEG.
Pour se promettre trop on se trompe souuent,
Quelques fois le credit ne nous sert que de vent:
Et tout ce grand pouuoir qui n'a point de limites,
Peut trouuer vn obstacle au fort de ses poursuites:
Peut encor eschoüer, & par vn coup du sort
Venir faire naufrage en arriuant au port:
Le credit cede alors parmy tant de fortunes,
A des loix que l'amour nous rend à tous communes,
Ces loix d'autant d'amants sont autant de sujets,
 'vn petit Dieu tyran qui rit de leurs projets,
 ui veut qu'aueuglément on suiue ses caprices,
 insi comme il luy plaist il rend les vœux propices,
Sur le mal-heur des vns il en fait vn heureux,
 t du bon-heur d'vn autre il fait des enuieux,
 t de tous ces Amants soumis à son empire,
 uelques-vns sont décheus comme vous, c'est tout dire.
 ttendez de l'Amour à regler vostre sort.
NABAL.
 oy-mesme à le regler ie me crois assés fort,
 es exploicts sont tesmoins iusqu'où va ma puissance,
 ont on garde les loix auec reuerence,
 t si l'amour en a qui m'oblige à garder
 on pouuoir luy deffend de ne rien hazarder.
 e choisir vn Riual qui puisse oser paroistre,
 u'en triomphant de luy pour s'estre fait connoistre,

LA MORT

Et s'il veut qu'en son cœur il pousse des soupirs,
Se soit de n'oser pas m'empescher mes desirs:
De se voir obligé de me ceder la place,
Et qu'il est trop heureux si l'oubly fait sa grace.

DOEG.

Mais si ces qualitez arriuoient à ce point,
De vous le contester, & ne le ceder point,
De porter ses beaux feux à s'vnir à leur cause,
D'en deffendre l'approche à qui veut mesme chose,
Monstrer que ce pouuoir dont on vente les faits,
Ne sçauroit l'empescher d'accomplir ses souhaits,
Que iamais le credit ne preuaut la naissance,
Et qu'vn Prince en naissant naist auec la puissance,
Qu'il ne tient que de luy ce qu'il a de pouuoir,
Et qu'il en donne plus qu'il n'en peut receuoir,
Pour lors à ce Riual pourrez vous luy deffendre,
En sçachant vos desirs, qu'il n'y puisse pretendre?
Pour lors cét heureux sort qui marque vostre rang
Rauira-t'il celuy que lui donne son sang?
Pour lors où de nos Roys auroient des deferences,
La faueur pourra-elle oster ses esperances?
Pour lors dis-je où les Dieux l'ont cedé dans l'amour,
Vn Fauory de Roy doit ceder à son tour,
Ce Prince enfin pour lors doit obtenir sa place,
Sans s'informer baucoup si l'oubly fait sa grace.

NABAL.

La qualité de Prince est au dessous de moy,
Ie suis dans vne place où ie luy faits la loy,
Tous les iours quelques-vns de pareille naissance,
Abaissez à mes pieds demandent audiance,
Auant que m'aborder on les voit en suspends
S'ils ont pour me parler assés bien pris leur temps:
S'ils ont bien pris le temps d'auoir ce qu'ils demandent,
S'ils auront vn reffus ou bien ce qu'ils attendent:

Et

DE BALTAZAR.

Et ne sçachant le cours que doit prendre leur sort,
I'apprens de leurs besoins que ie suis le plus fort.
Et i'ay cét auantage apres tous ces indices,
Qu'ils ont à grand honneur de me rendre seruices,
D'où i'infere d'abord qu'il est de leur bon-heur,
D'employer tous leurs soins à gagner ma faueur,
Non à s'emanciper de porter leur merite
Au rang où va le mien.

DOEG.
Que ce discours m'Irrite! *bas.*

NABAL.
...ur m'oser contester le fruict de mon amour,
Qu'vn Prince sans credit doit ceder à son tour.

DOEG.
Vous le connoissez mal ce Prince à vous entendre.

NABAL.
Ie le cognois assez pour n'oser y pretendre.

DOEG.
Et moy ie le cognois pour vouloir l'emporter....

NABAL.
Peut-estre à l'enuier sans me le contester.

DOEG.
A vous le contester malgré vostre entreprise.

NABAL.
Mais pour le désirer on est loin de la prise.

DOEG.
Ses souhaits dans l'espoir accompagnent ses pas.

NABAL.
Pour estre trop hastez l'effect ne les suit pas.

DOEG.
Le succez qu'il attend fera voir sa conduite.

NABAL.
Et celuy que i'attends mon progrez dans la suite.

DOEG.
L'amour d'vn même objet n'en rend pas deux heureux.

D

LA MORT

NABAL.
Non, mais le Roy fera le choix de l'vn des deux.

DOEG.
Ce n'est donc que ce choix qui fait vostre auantage?

NABAL.
Et mon merite encor entre dans ce partage.

DOEG.
Vous vous promettez trop, tant du Roy que de vous.

NABAL.
Ie me promets assez, si l'autre en est ialoux.

DOEG.
Sçauez vous que c'est moy cét autre?

NABAL.
                         Que m'importe?

DOEG.
Sçauez vous que mon bras....

NABAL.
         Acheuez, ie m'emporte.

DOEG.
Vous peut oster....

NABAL.
      Et quoy?

DOEG.
          Le fruict de mon amour?

NABAL.
Sçauez vous que le mien vous peut priuer du iour?

DOEG.
Ie sçay que vous sçauez bien vser de menace,
Que vostre bruit encor respond à vostre audace,
Que vous sçauez vanter ce qui n'est point de vous,
Que vostre humeur vous rend insuportable à tous,
Que vous abusez trop du pouuoir qu'on vous donne,
Que vous mescognoissez le sang de ma personne,
Qu'en fin vostre arrogance est venuë à ce point
Qu'vn cœur comme le mien ne la souffrira point.

DE BALTAZAR.

Qu'il faut à vos despens....
NABAL.
Ah, c'est trop vous entendre!
DOEG.
Aujourd'huy qu'elle apprenne à ne plus se méprendre,
Qu'vn Prince se fait tort dans son ressentiment,
S'il n'a pour se vanger tout prest le chastiment:
Il faut donc que ma main en punisse l'offence;
Mais ie respecte vn lieu qui vous sert de deffence.
NABAL.
De sorte à vous ouyr qu'on vous doit redouter?
A ce seul nom de Prince on doit s'épouuanter?
Se croire trop heureux de vous ceder la place.
Et trop recompensé d'estre exempt de menace?
Vous laisser triompher au milieu des plaisirs,
Et ceder à la peur le fruict de mes desirs?
Vous laisser satisfait parmy tant de delices,
Cependant qu'en regrets ie conte mes seruices?
Faire bien plus d'estat de vostre grand appuy
Que de celuy du Roy qui m'eslene aujourd'huy?
Vos exploicts, vos combats, & vostre grand courage,
Vostre merite encor, ont sur moy l'auantage,
Vostre rang, vostre sang ne trouuent point d'esgaux.
Vous me contez enfin au rang de vos vassaux,
Non, non de vostre erreur quittez là la poursuite,
L'esperance en est vaine, & ie la vois destruite,
Malgré tous vos efforts la parole du Roy
Est donnée à ma flamme, & ma flamme à sa foy:
Mon bras & son secours m'assure la victoire,
Mon épée au besoin affermira ma gloire:
Dans vn iour mon amour va receuoir le prix,
Qu'vn insolent me veut....
DOEG.
Ah! c'est trop de mespris, *mettant l'épée*
Il faut mourir..... *à la main.*

D ij

LA MORT

DES GARDES, *suruenans.*
Seigneur tirer icy l'épée!
Vn excez de colere a voſtre main trompée,
Remettez là de grace, & tous deux croyez-moy.
Sur voſtre differend allez trouuer le Roy.
DOEG.
Ie vous attēds Nabal au pied de ces murailles. *luy par-*
NABAL. *lant bas*
Fuyons, vous m'y verrez haſter vos funerailles.

Fin du troiſieſme Acte.

ACTE IV.

SCENE PREMIERE.

LE ROY, LA REYNE, SIPHAX.

LE ROY.

Acheuez nous le reste.
####### SIPHAX.
Enfin d'vn mesme cœur
Et tous deux pretendans au titre de vainqueur,
Tous deux dans le combat poussez de mêmes flammes,
Monstrent dans leur ardeur la haine de leurs ames,
Et tous deux acharnez disputent par le fer,
En cherchant le Tombeau la gloire à triompher,
Le poignard à la main, tous deux la main leuée,
Sur le bord du danger la Garde est arriuée,
Enfin on les separe escumans de fureur,
Monstroient dans leurs regards tous les feux de leur
 cœur,
On conduit l'vn & l'autre, en cette conjoncture
Dans leurs appartemens de peur d'autre auanture,
Et lors ie suis venu de mon deuoir pressé,
Vous apprendre Seigneur comme tout s'est passé:
LE ROY.
Mais auez-vous appris d'où vient cette querelle?
SIPHAX.
L'amour & leur enuie au combat les appelle,

LA MORT

Et ces deux passions qui regnent dans leurs cœurs,
Ont fait dans vn cóbas deux vaincus, deux vainqueurs,
Triomphant l'vn de l'autre, & vaincus de colere,
Chacun de son Riual tasche de se deffaire.

LE ROY.

Cognoissez-vous l'object qui fait tout ce danger?

SIPHAX.

Son merite & son nom, & pour tout abreger,
Misia la Princesse est l'object qui les arme,
Qui causa par l'amour la haine & cette alarme,
Qui n'est pourtant complice en allumant ces feux,
Que pour auoir monstré l'esclat de ses beaux yeux.

LE ROY.

Contre mon gré Doëg aspire à sa Princesse,
Que direz-vous Madame aprés sa hardiesse?
Euitons vn mal-heur quand on peut l'empescher,
Allez, allez Siphax tous deux me les chercher.

SCENE II.

LE ROY, LA REYNE.

LE ROY.

Contre mes volontés il fait des entreprises!
Il pousse plus auant, il en vient iusqu'aux prises!
S'attaquer à Nabal, c'est s'attaquer à moy,
Qui ne s'y soûmet pas, me veut faire la loy.

LA REYNE.

Dans vn danger passé, Seigneur rien n'est à craindre,
Il faut les escouter, & le reste est à feindre.
Peut-estre que Nabal n'a cherché que l'honneur,
Et que cette action n'est qu'vn coup de son cœur:

DE BALTAZAR.

Que Misia n'est point le but de son attente,
Et souuent vn raport dans le recit augmente.
LE ROY.
Detrompez-vous Madame, & dans sa passion
L'amour & son courage ont fait cette action.
Ie pretens que Nabal aspire à la Princesse,
D'authoriser son choix i'ay donné ma promesse,
Vous diray-je encor plus, i'en ay fait vn serment.
Et Doëg son Riual trop temerairement
S'oppose à ses desseins, & dans sa violence
A voulu qu'vn combat acheuast son offence.

SCENE III.

LE ROY, LA REYNE, NABAL.

NABAL.
I'Embrasse vos genoux, pardonnez-moy Seigneur,
I'ay violé vos loix, soyez-en le vengeur,
Ie presente à vos pieds ma teste criminelle,
I'ay voulu me venger, vengez-vous dessus elle.
LE ROY.
Releue-toy Nabal, ne crains point mon couroux,
Ta valeur le desarme, & te renuoye absous,
I'en veux à ton Riual, i'en veux à son audace,
Ie veux que l'insolent t'abandonne la place,
Que pour me satisfaire & pour plaire à mes vœux,
Il te quitte l'objet qui fit naistre tes feux.
NABAL.
Grand Roy vostre bonté surpasse la clemence,
Elle efface ma faute, & me donne esperance,
Cét exez me surprend, & me rend si confus,
Qu'apres tant de faueurs, on ne peut faire plus.

D iiij

LA MORT

Lors que ie suis tombé, la grace me releue,
L'amour fait mon bon heur, mais vostre apuy l'acheue;
Me pardonner vn crime, appuyer mon amour,
Passer du mal au bien, & tout en mesme iour.
C'est Seigneur auoir sçeu comme on peut me cõfondre,
M'accabler de bienfaits, m'empescher de respondre.
Ie l'auoüeray grand Roy que vostre Majesté,
N'accorda iamais grace auec plus de bonté,
Quoy d'vn Riual encor me promettre la perte,
Soustenir mon party, mesmes à guerre ouuerte,
C'est accorder vn prix qu'en vain il me debat,
Que i'attendray de vous, & non pas d'vn combat.

LE ROY.
Tu ne t'es point trompé s'il t'ose contredire,
Mon vnique dessein n'est que de le destruire;
Tu dois tout esperer de l'amour & de moy,
Ie ne reserue rien, la Princesse est à toy.

LA REYNE.
Mais Seigneur il faudroit auant vostre promesse.
Qu'on laissast vn choix libre au moins à la Princesse,
Peut-estre que Nabal sans le tenir de vous,
De son gré par son choix deuiendra son Espoux.

LE ROY.
Ie sçay que sa fierté dédaigne sa personne,
Que son ambition aspire à la Couronne,
Que de l'esclat du Trosne animant son desir,
Nabal n'est point l'Espoux qu'elle pretend choisir,
Mais ie sçauray dompter cette humeur si hautaine,
Et rendre par mon choix son esperance vaine.

LA REYNE.
Vous sçauez que l'amour, Seigneur, ne prend de loix
Que celles qu'il s'impose, & dont il fait vn choix.

LE ROY.
L'interest de Nabal me touche dauantage,
Ie dois mettre pour luy ma puissance en vsage:

DE BALTAZAR.

Menaces, chastimens, gesnes, authorité,
Et ne prendre de loy que de ma volonté:
Ce n'est pas à ce sexe à regler par caprice,
Ses volontez sans moy, ie veux qu'il obeïsse.
LA REYNE.
Mais encor pouuez vous par vn pressentiment,
Apprendre qui des deux elle veut pour Amant,
Si par ses vœux Nabal a le bien de luy plaire,
Si ceux que rend Doëg peuuent la satisfaire,
Et d'entre ces Amans qui doit estre des deux,
Par son choix, l'vn contant, & l'autre mal-heureux.
LE ROY.
Mais plustost de moy mesme elle doit mieux apprẽdre,
A qui de l'vn des deux elle pourra pretendre:
Et reglant ses desirs selon ma volonté,
Qu'elle attende vn Espoux de mon authorité:
C'est estre dependant du choix de la Princesse,
Et trop s'assujettir au gré de sa foiblesse:
Peut-elle se resoudre à ne pas m'obeïr?
I'ay bien voulu tantost moy-mesme me trahir,
Sans force i'ay voulu par la douceur la prendre,
I ay voulu par raisons la faire condescendre,
Aux volontez d'vn Oncle, aux volontez d'vn Roy,
Il semble qu'elle aspire à me faire la loy:
Il est donc inutile apres ma complaisance,
D'vser d'autres moyens que ceux de ma puissance:
Elle a pour se resoudre encor iusqu'à demain,
Mais ce délay passé, son reffus sera vain.
LA REYNE.
Quoy Seigneur voulez-vous dans l'amour la contrain-
    dre? ### LE ROY.
Ie veux qu'elle obeïsse, & mesme sans se plaindre.
LA REYNE.
Pour esuiter Seigneur ce qui peut arriuer,
Sur vostre intention ie m'en vais la trouuer.

SCENE IV.

LE ROY, NABAL.

LE ROY.

HE bien Nabal tu vois où ton amour me porte.
Crois-tu que ton Riual sur mon pouuoir l'empor-
  te?
Ie veux en sa presence en faueur de ton feu,
T'asseurer la Princesse encor par son adueu:
Il te verra iouïr des plaisirs de ta flamme,
Il verra cét Hymen qui trouble tant son ame,
Et toy tu publieras dans ton heur peu commun,
Que deux feux dans deux cœurs n'en allument plus
  qu'vn.

NABAL.

Grand Roy vostre discours redouble mon attente,
Vous passez des desirs iusqu'où l'ame est contente,
Et flattant mon amour d'vn bon-heur aduenir,
I'en reçois de la ioye auant que le tenir:
C'est assez m'expliquer que vostre appuy doit rendre
Le fruict de mon amour que mon cœur doit attendre:
Qu'vn doute est criminel apres vostre pouuoir,
Qu'vn Riual doit ceder par force ou par deuoir;
Cesse à present mon cœur, cesse donc de te plaindre,
R'anime ton amour, tu n'as plus rien à craindre.
Allons dans les combats tesmoigner à mon Roy,
Qu'il faut mourir ou vaincre apres ce que ie doy.
Ouy Seigneur de Cyrus i'yray punir l'audace,
Et mon bras par sa mort preuiendra sa menace:
Par vos armes demain auant la fin du iour,
Sa teste seruira d'offrande à mon amour:

DE BALTAZAR.

Pour rendre à vos biens faits vne recognoissance,
Ou trouuer dans mon sort vn autre recompense.
LE ROY.
I'attends de ta valeur la perte de Cyrus,
Ie sçay par tes exploits que tu peus encor plus:
Tu braues les hazards en mesprisant ta vie,
Les dangers l'ont cherchée, & ne l'ont que suiuie:
Cent fois dans les combats tu sçeus brauer la mort,
Et tu peux triompher de l'amour & du sort:
Mais qui vois-je paresftre?

SCENE V.

LE ROY, DOEG, NABAL.

DOEG.
Vn Prince par vos ordres.
LE ROY.
C'est donc vous dãs ma Cour qui causez des desordres?
Quoy contre le respect si temerairement,
Auoir tiré l'espée en mon apartement?
Contre ma volonté prendre la hardiesse....
DOEG.
Il est vray que mon ame eut beaucoup de foiblesse;
Mais surprise à ce poinct que mon ressentiment
M'osta le souuenir de cét apartement.
LE ROY.
Et de vostre combat quelle est donc vostre excuse?
Prince que direz-vous, croyez-vous qu'on m'abuse?
DOEG.
Nabal fut le premier au pied de ce Chasteau,
Qui creut estre offencé, ie le fus de nouueau,

Alors qu'en m'abordant d'vn discours plein d'audace,
Il voulut que les coups suiuissent la menace,
C'est à ce coup, dit-il, qu'il faut perdre le iour,
Renoncer à ta vie, ou bien à ton amour.
Luy faisant teste alors, quoy brauer mon courage,
C'est trop, dis-je, en vn iour, de l'audace, à l'outrage.
Tous les deux......

LE ROY.
          Taisez-vous, vos faits sont auerez.

DOEG.
Sans aucun auantage on nous a separez.

LE ROY.
Ouy Nabal malgré vous tout te sera propice,
La Princesse est à toy.

DOEG.
          C'est me faire injustice,
Mon amour....

NABAL.
          Mon amour....

DOEG.
Mon sang....

NABAL.
          Vostre pouuoir
Me confirme Seigneur....

DOEG.
          Ce que ie dois auoir.
Et sans distinction de mon sang, de ma race,
Ie voy qu'vn Fauory doit occuper ma place.

NABAL.
Et sans auoir esgard aux volontez du Roy,
Ie voy que vous voulez l'emporter dessus moy.

DOEG.
Quoy Seigneur vous voulez luy donner la Princesse?
Au mépris de mon sang....

LE ROY.
          Ie tiendray ma promesse.

DOEG.

DE BALTAZAR.

DOEG.
Eſt-ce recompenſer tant de fameux exploits
Que mon bras à l'Eſtat a rendu tant de fois?
NABAL.
C'eſt bien recompenſer le gain de cent batailles
R'emportez par mon bras en forçant cent murailles.
DOEG.
I'ay deſtruit Arſaxade, & gagné ſes Eſtats.
NABAL.
I'ay ſur les ennemis r'emporté cent combats.
DOEG.
I'ay puny les mutins, r'afermy la Couronne,
I'ay ſemé des lauriers, vn autre les moiſſonne,
Oubliez mes hauts faits, qu'on me faſſe ce tort,
Et laiſſez Miſa decider noſtre ſort :
Que nous ſoyons tous deux eſgaux dans le merite,
Nous verrons par ſon choix où l'amour l'a conduite,
Et l'amour de luy meſme agir en ce beſoin,
Sans ſe ſeruir de vous que pour eſtre teſmoin.
LE ROY.
L'amour n'a point de loix où regne ma puiſſance,
Son pouuoir ceſſe d'eſtre où mon pouuoir commence.
Il voit venir vn Page.

Page que voulez-vous?
LE PAGE.
   Les Grands ſont aſſemblez
Seigneur, & le feſtin eſt preſt.
LE ROY.
      Ie vais, allez
Son erreur & la voſtre, ont meſme ſimpatie, *reprenant*
Songez qu'il eſt aueugle & que ie ſuis partie. *ſon diſ-*
            cours.

E

LA MORT

SCENE VI.

DOEG, seul.

ENfin par vn mal-heur qui n'eut iamais d'esgal,
I'ay pour partie vn Roy, mon amour & Nabal,
Ie me vois attaqué dans cette difference,
Que l'amour court au cœur, & laisse l'esperance,
L'amour se sert de feux pour attaquer le cœur,
Nabal par son credit luy cause sa douleur,
Le Roy d'authorité respond à sa tristesse,
Tous trois diuersement causent ce qui me blesse.
Que determineray-je auec ce déplaisir?
Obeïray-je au Roy? suiuray-je mon desir?
L'vn m'oste l'esperance, & l'autre me l'ordonne,
Dans ces deux mouuemens le secours m'abandonne,
Ie ne sçay que resoudre apres tous ces transports,
Et pour ne rien conclure il me faut des efforts.
Mais quoy tant balancer pour augmenter ma peine,
Apres que ce tyran m'a declaré sa haine,
Qui viole des loix que reuerent les Dieux,
Et qui m'outrage enfin s'opposant à mes vœux,
Cessez respects cessez, il faut courir aux armes,
Mes sens sont reuoltez, mes sens sont aux alarmes,
Le Dieu qui les domine a d'autres sentimens,
S'il reçoit de l'injure, il a des chastimens,
Ce bras qui fut tousiours l'appuy de son Empire,
S'il a pû le sauuer, il pourra le destruire,
Et porter ma colere à telle extremité,
Qu'il pourra se venger de cette cruauté.
Oüy tiran tu sçauras iusqu'où va ma vengeance,
Qui te l'apprendra mieux ce sera ton offence.

DE BALTAZAR.

Tu preferes Nabal à mon illustre sang,
Tu veux en sa faueur l'emporter sur mon rang,
Tu me crois vn indigne, & luy sous tes auspices
S'achemine au triomphe, & me laisse aux supplices.
Ie n'ay que des mespris quand il a des honneurs,
Il est comblé de joye, & moy seul de douleurs:
Ah! tu sçauras ingrat apres vn tel outrage,
Que peut le desespoir, & l'amour & la rage,
Et tous trois assemblez pour eslancer leurs coups,
Ie voirray renuersé ton Trosne, & toy dessous.
Mais pourquoi differer, vn délai diminuë,
Et ralentit les coups d'vne main retenuë:
Et souuent qui menace affoiblit sa valeur,
Allons donc de ce pas où porte ma douleur.

SCENE VII.

DOEG, MIS.

MISIA.

Y courez-vous Doëg, qu'auez-vous qui *entrant* vous presse?

DOEG.

é qui peut m'arrester? helas c'est la Princesse!

MISIA.

Ce pas que vous doublez marque quelques transports.

DOEG.

elas en m'arrestant ie passe à de plus forts,
t mon cœur estonné par l'éclat de vos charmes,
e trouue à vostre abord surpris & rend les armes,
a colere ceddant à de plus puissans coups,
Il arreste les siens pour ceux qu'il sent de vous:

E ij

MISIA.
Ne peut-on pas sçauoir d'où vient cette colere?
DOEG.
Nabal par la faueur pretend qu'on le prefere,
Le Roy d'authorité contre toutes les Loix,
Veut que vous l'efpoufiez fans prendre voftre choix,
Et fans aucun refpect il pretend vous contraindre,
Me mettre au defefpoir, me laiffer tout à craindre,
En venir à la force, en lui faifant refus,
Ie ne puis acheuer, deuinez le furplus.
MISIA.
Non, non, ne croyez pas qu'on ofe me contraindre,
Son pouuoir eft fans force, & ie n'ay rien à craindre;
C'eft vn abus au Roy s'il veut contre mon gré,
Pretendre que Nabal à vous foit preferé.
DOEG.
C'eft le Roy.....
MISIA.
Ie le fçay; mais i'ay cét auantage
Qu'on ne peut me forcer, fans forcer mon courage,
Monftrer que vainement il fera des efforts,
Quand mon cœur au befoin aura d'autres refforts:
La Reine qui me quitte a mis tout en vfage,
Douceur, priere, addreffe, elle a fait danantage,
Parlant à cœur ouuert, m'a tout reprefenté,
Ce que peut faire vn Roy lors qu'il eft irrité,
Son afcendant fur moi comme frere d'vn Pere,
Son ferment violé, l'excez de fa colere,
Que i'auois tout à craindre en ozant refifter,
Que fon humeur cruelle eftoit à redouter,
Mon courage, ay-je dit, ne craint point ces difgraces,
Ne craignant point la mort, ie braue les menaces,
Quoi peut-on me forcer de choifir vn Efpoux,
Qui m'eft infupportable, infupportable à tous?
Si ie veux vn Efpoux, ie le veux fans contrainte,

DE BALTAZAR.

Que l'amour ait pour lui fait sur moi quelque atteinte,
Et qu'il porte mon cœur à suiure mesme loy,
De deux n'en fasse qu'vn, de mesme qu'vne foy.
Voila dans peu de mots la regle où ie veux viure,
Mais ce n'est qu'à mon choix que ie pretends la suiure;
Le Roy doit le premier sçauoir mon sentiment,
Doit se regler dessus auant son iugement,
Apprendre de moy-mesme à qui mon cœur se donne,
En apprenant mon choix agréer sa personne,
Monstrer que tous ses soins ne veulent de pouuoir,
Qu'à regler ses desirs sur mon iuste deuoir:
Mais si le Roy s'obstine à contraindre mon ame,
S'il veut que de Nabal ie responde à la flame,
Il sçaura que mon cœur qui méprise ses loix,
N'attends que de lui-mesme à commencer son choix,
Où ie mourray plustost.....

DOEG.

                Agreable constance!

MISIA.

Qu'aujourd'hui de Nabal ie sois la recompense,
Moi souffrir que le Roi contre les droits du sang,
Esleue vn Fauori pour abaisser mon rang,
Qu'il le porte à ce poinct qu'il oze me pretendre
Ah ie mourray plustost que m'y voir condescendre!
La Reine à ce discours prit de l'estonnement,
Son visage m'apprend sa peur au changement,
Ne pouuant exprimer la douleur qui la presse,
M'a quitté sans respondre où cét entretien cesse.
Apres ce vain effort d'amitié, de douceur,
Que la Reine a voulu tanter dessus mon cœur,
Croyez-vous que le Roy pour vser de menace,
Dispose mieux mon cœur à lui ceder la place.

DOEG

Le refus chez les Rois sont des crimes bien grands,
La vertu la plus forte a besoin de garands,

LA MORT

Quand vn Roi se roidit contre nos resistances,
De crainte de ceder il court aux violences.
Pour lors il faut ceder, & dans l'extremité,
La force a le dessus sur nostre volonté.

MISIA.

N'ayez point de soupçon, quittez cette pensée,
Le danger est moins grand quand ie suis offencée,
Mon courage & mon cœur reduits à cét excez,
Doutent plus du combat qu'ils ne font du saccez,
Suffit sans m'expliquer de vous dire que i'aime,
Que l'amour ne se rend sinon à l'amour mesme,
Rien ne peut m'ébranler, tourment, faueur, ni Roi,
Il suffit, dis-je encor, que vous auez ma foi.
Adieu Prince aimez-moi.

SCENE VIII.

DOEG, seul.

Qve dois-je plus attendre?
Si mon cœur doit aimer, mon bras doit entreprendre:
Tous deux d'vn mesme effort seruit à mon courroux:
Allons donc sans tarder en haster tous les coups:
Allons dessus le Trosne acheuer nostre ouurage,
Immolons vn Tiran, & Nabal à ma rage,
Amour guide mes pas, suy moi dans ce dessein,
Allons trouuer Cirus, seruons-nous de sa main:
Allume dans tes feux celui de la vengeance,
Et ne respirons plus qu'à punir leur offence.

Fin du quatriesme Acte.

DE BALTAZAR.

ACTE V.

SCENE I.

LE ROY BALTAZAR, LA REYNE, NABAL,
LES GARDES.

LE ROY BALTAZAR,
*Se leuant de table, voyant vne main qui escriuoit
dessus la muraille.*

Mes yeux me trompez-vous? ne me cognois-je plus?
Veille-je, ou si ie dors? mes sens sont-ils confus?
Est-ce vne illusion que tous mes sens inuentent?
Ou bien si mes yeux seuls en voyant se dementent?
Vous ne vous trompez pas, mes yeux, c'est pour certain
D'vn inuisible bras vne visible main:
De l'escrit, quel phantosme! & quel est ce spectacle!
Est-ce vn enchantement? vn prodige? vn miracle?
Mes sens r'appellez-vous, ne vous confondez pas,
Reprenez vostre assiette, & cessez vos combats.
Taschons de lire encor; mais d'vne viue attainte,
Ie sens mon cœur frappé tout à coup par la crainte
Mon ame est alarmée, & trouble ma raison,
Tout me perd, tout me nuit, iusques dans ma maison:
Le passé me confonds, l'auenir me menace,
Tous mes crimes en foule annoncent ma disgrace,
Et mon esprit errant me laissant tout confus,
Ie me cherche en moy-mesme, & ne me trouue plus.

LA MORT

La mort defia me semble accourir de vitesse,
Cét escrit incognu ce me semble la presse.

NABAL.

Mais Seigneur vous semblez vous chercher des mal-
  heurs,
Et vous les auancez par vos vaines frayeurs:
Pourquoy ces mouuemens ? & pourquoy ces alarmes?
Quoy pour trois mots escrits vous rendez donc les ar-
  mes?
La crainte vous domine auant aucun danger?
Et l'on voit ce grand cœur s'abbatre & se changer?
Ah ne permettez pas plus long-temps ce reproche!
Banissez ces frayeurs, que la vertu s'approche,
Hé quel mal peut produire vn phantosme, vn escrit?
Oüy Seigneur, pensez mieux, r'appellez vostre esprit.

LE ROY.

Ce phantosme, Nabal, n'est pas là sans mysteres,
Il cache des secrets dessous ses caracteres.

NABAL.

C'est peut estre vn auis de la part de nos Dieux.

LA REYNE.

Helas! c'est de mon songe vn presage odieux. *bas*

NABAL.

Peut-estre pour vn bien ils ont fait ce miracle.

LE ROY.

Hé qui peut l'asseurer?

NABAL.

                  Les Deuins de l'Oracle,
Qui seuls ont le pouuoir d'expliquer leurs secrets,
Par eux seuls de nos Dieux on sçait les saincts decrets.

LE ROY.

Qu'on les fasse venir auec cette asseurance,
Que quiconque dira par magie ou science,
Ce que contient l'escrit, ie veux le faire grand,
Qu'il ait en mes Estats seul le troisiesme rang.

DE BALTAZAR.

Vn vestement de pourpre, en doit estre la marque,
Auec vn collier d'or, c'est le prix qu'vn Monarque
Promet pour recompense. En l'estat où ie suis,
Sortez & laissez-moy dissiper mes ennuis.

SCENE II.

LE ROY, *seul.*

STANCES.

POisons delicieux, sources en maux fecondes,
Phantosmes des esprits, doux charmes de nos sens,
Grandeurs! Que pouuez-vous? vos peines sans secōdes,
Et vostre faux esclat font trop de mescontens:
Fuyez donc vains appas, laissez-moy, ie vous quite,
    Vostre attachement m'a surpris,
    Ie n'ay pour vous que des mespris,
    Ie suis las de vostre poursuite,
    Ie voy vostre fascheuse suite,
    Puisque la peine en est le prix.
Au comble des plaisirs parmy tant de delices,
Ie trouue dans la ioye vn sort si rigoureux,
Qu'il en change le cours en celuy des supplices,
Et par trop de bon-heur il fait vn mal-heureux;
L'esclat du Diadesme & toute ma puissance,
    Ne peuuent rien pour mon secours:
    La crainte destourne leur cours,
    Ie tombe dans la decadence,
    Ie vais de la réjoüissance,
    Aux peines qui troublent mes iours.
L'exemple de mon pere augmente encor ma peine,
Il eut le Sceptre en main, & ie l'ay comme luy;

Pour sa punition on l'osta de la sienne,
Peut-estre pour la mienne on me l'oste aujourd'huy!
Les Dieux qui voyent tout iusqu'au fond des abismes,
   Nous laissent insensiblement
   Courir apres le chastiment,
   Puis tout d'vn coup lassez de crimes,
   Font des plus grands Roys leurs victimes,
   Et les perdent en vn moment.
Les plus grands Potentas qui regnent sur la terre
Redoutent tous mon nom au bruit de mes exploits;
I'ay laissé la terreur où i'ay porté la guerre,
Et ma gloire triomphe où i'ay donné des loix.
Cependant ie me vois dans vn point deplorable,
   Où ie n'attends que des mal-heurs,
   Des plaisirs ie passe aux douleurs,
   Et par vn prodige incroyable,
   Cherchant les douceurs de la table,
   Au lieu de vin i'ay beu des pleurs.
A quelle extremité mon ame es-tu reduite?
Quel sort capricieux à ce point t'a conduite?
Dieux ne me laissez pas plus long-temps sans secours,
Ne m'abandonnez pas, vous estes mon recours:
R'anime toy mon cœur, r'afermis ton courage,
Cét espoir qui me vient, m'est d'vn heureux presage.

SCENE III.
LE ROY, VN GARDE.

LE GARDE.

Les deuins à la porte attendent pour entrer.
    LE ROY.
Qu'ils entrent, Dieux souffrez qu'ils puissent penetrer
Dans vos diuins secrets.

SCENE IV.
LE ROY, LES DEVINS.

LES DEVINS.

GRand Roy dont la puissance
Maintient tous vos sujets dans leur obeïssance,
Qui respand vostre nom au bruit de vos exploits,
Qui vous fait respecter des peuples & des Roys,
Par vostre ordre mandez, nous venons pour vous ren
   dre
Tout ce que de nos soins vous auez lieu d'attendre.

LE ROY.
Vous qui nous apprenez les decrets de nos Dieux,
Qui sçauez penetrer dans les secrets des Cieux,
Expliquez cét escrit, reuelez ce mistere,
Et quel qu'en soit l'augure, on ne le doit pas taire.
Dites-moy hardiment ce qu'enseigne l'escrit,
Ne me déguisez rien, c'est troubler mon esprit.

LES DEVINS.
Seigneur la verité doit parestre icy pure,
Les Dieux sont les autheurs d'vne telle auanture,
Attendez donc de nous tout ce qu'on peut sçauoir,
De leurs diuins decrets, & de nostre deuoir.

LE ROY.
Aprochez & lisez, trouuez dans la science,
Le repos que i'attends, & vous la recompense,

SCENE V.

**LE ROY BALTAZAR, LA REYNE,
LES DEVINS.**

LE ROY.

Venez, venez, Madame appaisez ma douleur,
Approche-toy Nabal, viens soulager mon cœur.

NABAL.

Seigneur rien n'est à craindre, il faut encor attendre.

LES DEVX DEVINS. *ne pouuans lire.*

L'VN.

L'escrit m'est incognu.

L'AVTRE DEVIN.

Ie n'y puis rien comprendre.

L'AVTRE.

Le succez est douteux.

L'AVTRE.

Ie crains l'euenement.

L'AVTRE.

Les Dieux n'inspirent rien.

L'AVTRE.

Mauuais commencement.

LE ROY.

Qu'entends-je?

NABAL.

A leurs discours tres-peu de foy i'adjouste,
Sur l'escrit tous deux vont de l'ignorance au doute.

LES DEVINS.

Grand Roy nous ne pouuons rien cognoistre à l'escrit,
Et ses traits incognus surprennent nostre esprit.

DE BALTAZAR.
LA REYNE.
I'ay veu dans ce Palais Daniel le Prophete,
Qu'on recognoift ici pour fameux interprete,
C'eft de ce rare Efprit qu'on doit faire le choix,
Nabuchodonofor s'en feruit autrefois,
Il luy fit expliquer le miftere d'vn fonge.
LE ROY.
Quel eft donc le mal-heur où le deftein me plonge!

SCENE VI.

LE ROY, LA REYNE, NABAL, DANIEL,
ET LA SVITE.

VN GARDE.
CE bon vieillard Seigneur demande à vous parler.
LA REYNE.
Signeur c'eft Daniel qui fçait tout reueler.
LE ROY.
Approchez-vous Prophete, auec cette affeurance,
Qu'expliquant cét efcrit vous aurez recompenfe;
Mais ne deguifez rien.
DANIEL.
Horfmis la Reyne & vous
Faites tous retirer: L'Eternel en courroux,
Dont l'abfolu pouuoir reduit les Rois en poudre,
Quand leurs iniquitez arment fa main du foudre,
T'auertit par ma voix auec tes cruautez,
Qu'il veut borner le cours de tes impietez.
Quoy l'auoir mefprifé contre fes priuileges!
Ses Vafes prophanez par tes mains facrileges,
Il eft temps qu'il fe venge, & l'efcrit & la main,
Sont les auant-coureurs de ta prochaine fin:

F

LA MORT

Cét escrit est l'Arrest qu'a dicté sa Iustice,
Et la main que tu vois a signé ton supplice.

LA REYNE.

O Ciel!

LE ROY.

Helas! qu'entends-je?

DANIEL.

     Aprens qu'en ces trois mots,
Mane, Thecel, Phares, sont compris tous tes maux;
La Iustice d'en-haut a mis dans sa balance,
Tous tes bien-faits, escoute, & par ton arrogance,
Tu t'es trouué leger, tes Estats tant prisez,
Seront entre le Mede & Persan diuisez,
Ton Royaume est donné, de ta mort qui s'approche,
Impute à tes forfaits l'auancement si proche,
C'est l'explication de la main, de l'escrit,
Et tu n'es plus enfin qu'vn mal-heureux proscrit.
N'auois-tu pas present l'exemple de ton pere?
Nabuchodonosor fut dans cette misere,
Qu'il a vescu sept ans semblable aux animaux,
Tu vis pendant ce temps l'exemple de ses maux
Il perdit la raison, s'adonnant trop au vice,
Et Dieu pour le punir ordonna ce supplice,
C'est le fruict qu'il receut de sa presomption,
De ses salles plaisirs, de son ambition,
Qui perdit son esprit; Et toy que sa memoire,
Deuoit solliciter à rechercher la gloire,
Repasse en ton Esprit tant d'horribles forfaits,
De ton indigne orgueil, vois les tristes effects,
Tant de sang respandu pour assouuir ta rage,
Dont l'horreur n'a seruy qu'à t'enfler le courage,
Repasse dis-je encor tous tes jeux, tes plaisirs,
L'excez de tes festins, l'excez de tes desirs,
Cependant que ton peuple estoit dans la souffrence,
Qu'il estoit à pleurer l'excez de ta despence.

DE BALTAZAR.

LE ROY.
Prophete c'est assez, ie vois qu'il faut mourir,
Personne en ce moment ne peut me secourir,
Mais ie veux sans tarder accomplir ma promesse,
Receuez donc le prix qu'atttend vostre sagesse.
DANIEL.
La recompense icy n'a point conduit mes pas,
Seigneur ie vous rends grace.
LE ROY.
                     Ah ne m'outragez pas !
Ie dois la recompense où le serment m'engage.

SCENE VII.

LE ROY, LA REYNE.

LE ROY.

Quel remede, Madame, au mal-heur qui m'outrage !
Que vous auiez raison de craindre vn changement !
Que i'estois aueuglé de mon faux sentiment !
Quand vostre esprit troublé de l'ombre de son songe,
Me predisoit les maux où mon mal-heur me plonge.
LA REYNE.
Ah c'estoit vn aduis de la part de nos Dieux !
LE ROY.
Que n'eus-je plus de sens, pour le comprendre mieux !

SCENE VIII.

LE ROY BALTAZAR, LA REYNE,
VN GARDE.

LE GARDE.
L'Ennemy dans la ville est aux mains qui saccage,
Brusle, massacre....
LA REYNE.
     O Dieux!
LE GARDE.
       Et met tout au pillage.
LE ROY.
Helas! que me dis-tu?
LE GARDE.
      Seigneur la verité.
LE ROY.
Quel comble à mes ennuis!
LA REYNE.
     A quelle extremité,
Nous voyons nous reduits?
LE ROY.
       Quelle horrible disgrace!
Dans l'estat où ie suis que faut-il que ie face?
Allons sans consulter, allons brauer la mort,
En mesprisant la vie affrontons nostre sort,
Mourons s'il faut mourir; mais au lict de la gloire,
Que mon trespas triomphe au temple de memoire
Par mille hommes sans vie à nos pieds abbatus,
Monstrons au desespoir les plus hautes vertus,
Allons donc à la Parque immoler des victimes,
Et lauons dans leur sang la tache de mes crimes.

DE BALTAZAR.

Vous demeurez Madame.

LA REYNE.

Ah souffrez qu'auec vous
D'vn barbare Ennemy i'aille affronter les coups.
Permettez....

LE ROY.

Demeurez dans ce destein funeste,
Et ne prodiguez pas le seul bien qui me reste.

SCENE IX.

LA REYNE, seule.

Impitoyabble sort de mes ennuis confus
Apres tous ces malheurs peux-tu me faire plus?
Acheue par ma mort, acheue tes disgraces,
Ne lance que sur moy les coups de tes menaces,
Grands Dieux qui m'escoutez à vous seuls i'ay recours,
Dans l'estat où ie suis i'attends vostre secours,
Destournez loing de nous vos carreaux, vostre foudre,
Ou que seule pour tous ie sois reduite en poudre:
Ne punissez que moy de nos iniquitez,
Mais quoy vous estes sourds, & vos Diuinitez
Demandent plus de sang pour reparer nos crimes.
Il faut pour vous venger, il faut d'autres victimes,
Babylonne est le champ où vostre grand courroux,
Pretend faire éclater l'horreur de tous vos coups:
Ah! ie ne vois que trop les effets de mon songe,
Il me monstre vn poignard qu'au sein du Roy l'on
    plonge,
Il me semble desia le voir entre mes bras,
Sans force & tout sanglant qui haste mon trépas,

E iij

LA MORT

Le veoir les yeux changez, languissant, sans parole,
Me dire en expirant que son ame s'envole.

SCENE X.

LA REYNE, MISIA.

MISIA.

ON force ce Palais, Madame, on est aux mains,
On n'entend plus que cris, on ne voit qu'assassins,
L'ennemy sans quartier massacre, pille, tuë,
A ces lugubres voix ie suis toute éperduë,
Le Roy suiuy des siens les armes à la main,
Fait teste aux ennemis, s'oppose à leur chemin.

LA REYNE

C'en est fait on le tuë, ô Dieux quelle est ma peine!
Vit-on plus de malheurs accabler vne Reyne?
Il faut que ie succombe au poids de mes douleurs,
Et pour me soulager ie vais verser des pleurs!

SCENE XI.

MISIA, seule.

QVel est nostre desordre, & d'où cette disgrace!
Qu'au iour le plus pompeux tout a changé de face,
A peine auons nous veu quelque éclat de grandeurs?
Que d'vn autre reuers nous tombons aux malheurs!
Qu'il nous faut essuyer tout ce que peut la rage
D'vn Ennemy cruel qui se veoit l'auantage:

DE BALTAZAR.

Où fuiray-je à present pour éuiter ses coups?
Puis que pour luy le Ciel entreprend contre nous.
A quelle extremité me vois-je enfin reduite!
Si ie n'ay que la peur qui me sert de conduite.
Ah! Prince genereux dont l'heureux souuenir,
Me flatte en ce danger que tu dois suruenir:
Accoure à mon secours, viens chasser la tempeste,
Qui menace à tous coups, de tomber sur ma teste.
Viens sauuer du trépas celle qui n'est qu'à toy,
Et qui s'en va mourir de douleur ou d'effroy,
Mais que pensez-je helas! peut-estre que luy mesme,
Est aux mains sans secours dans vn peril extreme,
Peut-estre languissant percé de milles coups,
Il est le triste obiect d'vn horrible courroux;
Helas s'il est ainsi ie n'ay plus rien à craindre,
Il faut presser ma mort plustost que de la plaindre,
Allons donc de nous mesme acheuer nostre sort,
Preuenons par mes mains vn plus sinistre effort:
Mais que vois-je bons Dieux.

SCENE XII.

MISIA, DOEG.

DOEG.

IE vous cherche Madame.
MISIA.
Que cette voix me plaist qui r'asseure mon ame!
DOEG.
I'ay quitté la meslée afin de vous sauuer
De la peur & du mal ie viens vous preseruer:

LA MORT

Soyez donc assurée au milieu des alarmes,
Et banissez la crainte, elle nuit à vos charmes;
Apprenez que Nabal qui causa mon courroux,
Est tombé le premier sous le poids de mes coups:
Que i'ay sceu me venger aux despens de sa vie:
Et que mon bras triomphe en despit de l'enuie.
Ayant veu que le Roy contre toutes les loix,
Vouloit malgré l'amour en forçant vostre choix,
Vous donner vn Espoux, à vostre humeur contraire,
I'ay cru pour l'empescher que ie pouuois tout faire:
I'ay donc fait assembler ce que i'ay peu d'amis,
Resolus au dessein que ie m'estois promis:
Chacun au rendez-vous se trouue sur la brune,
Sãs bruit dans des vaisseaux, sans lumiere, & sans Lune,
Nous trauersons l'Eufrate & gagnons l'autre bord,
Et de Cyrus enfin nous nous trouuons au fort,
Ie demande à parler, on paroist, & i'auance,
Là sans aucuns des miens nous auons conference,
Il estoit aduerty, ses gens estoient tous prests,
Car ie vis son armée en escadrons apres:
L'heure venuë on marche, ô prodige incroyable,
L'Eufrate si profond se rend par tout gayable,
Et l'on passe sans risque au milieu de ses eaux,
Sans craindre le danger, ny la rigueur des flots,
Que vous diray-je enfin, on surprend Babilonne,
D'abord on pille, on tuë, on n'espargne personne,
Suiuy de tous les miens, ie viens à ce Palais,
Nabal auec les siens s'oppose à mes souhaits;
Il resiste à mon bras, il allume ma rage;
Nous voilà tous aux mains, i'appelle mon courage,
Nous nous ioignons tous deux, c'est alors que mõ cœur
Par mon ressentiment se remplit de fureur:
Du premier coup mon bras le renuerse par terre,
Il se releue, il pousse, en parant, ie l'enferre,
Ie redouble, il esquiue, & me saisit au corps,

DE BALTAZAR.

A contester long-temps il perdit ses efforts,
Sa force en vain s'épuise, & ie me débarasse,
I'ay vengé mon amour, & puny son audace,
De mon riual enfin ie triomphe auiourd'huy,
Tout le reste des siens fuit, ou meurt auec luy:
Mais i'apperçoy Cirus, le voicy qui s'auance.

SCENE XIII.

CYRVS, MISIA, DOEG.

CYRVS.

PRince ie vous cherchois, tout est en ma puissance,
Babylonne est soumise, & tout cede à mon bras,
Ses Citoyens reduits ont mis les armes bas,
Abaissez à mes pieds, les yeux baignez de larmes
Appaisans mon courroux, i'ay calmé leurs alarmes;
Cleon tient cependant Baltazar aux abois,
Il ne peut s'empescher de tomber sous mes loix,
I'ay sceu par vn aduis qu'il est hors de deffence,
Qu'il ne peut pas long-temps faire de resistance,
Vous le voirez bien-tost soûmis à mes genoux;
Au reste vous sçauez ce que ie puis pour vous :
Promettez-vous de moy tout ce qu'on peut attendre,
Ie sçay recompenser, vous le pouuez pretendre,
Auant la fin du iour vous ne douterez pas
Qu'vn Prince comme moy ; mais i'apperçois Arbas,
Sçachons ce qu'il me veut.

SCENE XIV.

CYRVS, MISIA, DOEG, ARBAS.

CYRVS.

Qve nous venez-vous dire?
Baltazar se rend-il? est-il pris?

ARBAS.
Il expire.

CYRVS.
Il expire?

ARBAS.
Ouy Seigneur, & malgré sa valeur,
Ce Monarque n'a peu surmonter son mal-heur.

CYRVS.
Il n'est pas mon captif,

MISIA.
Dieux que viens-je d'entendre,

ARBAS.
Ce Prince valeureux n'a point voulu se rendre,
On l'a sommé trois fois.

CYRVS.
Comment donc est-il mort?

ARBAS.
En vous le racontant vous pleurerez son sort,
Contraints de le forcer on vse de main forte,
D'vn seul coup de belier on enfonce la porte,
Nous voilà pour entrer, & luy suiuy des siens
S'oppose à nostre entrée & trois soldats des miens
De son bras à l'abord sont renuersez sans vie,

Nous poussons, il soustient, par tout chacun s'écrie,
Nostre nombre croissant il fallut nous ceder,
Nous entrons, il recule, & sans s'intimider
Nous le suiuons de prest, & tousiours sans le ioindre,
Quoy qu'il perde des siens sa valeur n'est pas moindre,
Il nous repousse, tuë, & nous fait écarter,
Et dans ce noble effort on ne peut l'arrester,
Aduerty qu'il s'engage, il fait vne retraite,
Dans vn appartement prolonge sa deffaite:
Nous nous ralions tous, sans beaucoup consulter,
Sur le toict du Palais on se presse à monter
Par escalade au haut à passer on trauaille:
Partie en bas du gros romps, perce la muraille,
D'autres rompent la porte en trois ou quatre coups,
Et par diuers endroits il est forcé de tous:
Reduit en ce danger il fait encor deffence,
Les siens en l'imitans ont tous mesme assurance.

CYRVS.
I'admire son courage & sa temerité!

ARBAS.
Pourtant il faut qu'il cedde en cette extremité:
Car la pluspart des siens demeurez sur la place,
Diminuant sa force, auancent sa disgrace,
Mais loing de se resoudre à demander quartier,
D'vn noble desespoir il abbat le premier,
Il abbat à ses pieds qui s'oppose à sa gloire,
Voulant d'vn beau trespas nous laisser la memoire,
Au milieu d'vne salle vn trône estoit dressé,
I choisit ce tombeau quand il se vit forcé,
C'est là qu'il veut mourir, c'est là qu'il se surmonte,
Auecque peu des siens, malgré nous il y monte,
Là r'appellant sa force, il tient sa grauité,
t veut ioindre au courage encore la fierté;
ous menace, en vn mot, & par nostre aueu mesme,
Sa resolution passa iusques à l'extreme,

LA MORT DE BALTAZAR.

Nous montons à l'attaque, il fait ferme long-temps;
Mais enfin assailly par tant de combatans,
D'vn coup de laucelot il est porté par terre;
Et vous gagnez le trône, & nous cessons la guerre.
La Reyne à cette cheute est venuë à l'instant,
Qui tombe en pasmoison sur ce corps expirant:
Le reste à nous se rend, & nous demande grace,
I'attends de vous Seigneur ce qu'il faut que l'on fasse.

CYRVS.

Ie vais vous suiure Arbas, pour resoudre auec vous
S'il nous faut employer la clemence ou les coups:
Faisons que le repos succede apres les armes:

ARBAS.

Tout obeït Seigneur.

CYRVS.

Gardons nous des alarmes.
Allez....

SCENE XV.
CYRVS, MISIA, DOEG.

CYRVS.

Prince pour vous faites regner l'amour,
Ie le veux couronner auant la fin du iour:
Auecque ses Estats ie vous rend la Princesse.

DOEG.

Que de bontez Seigneur, quel comble d'alegresse!

MISIA.

Il n'est saison pour moi que de verser des pleurs:
Ie vais pour consoler la Reine en ses douleurs!

CYRVS.

Le iour depend de vous d'accomplir l'Himenée,
Et nous à tout calmer, employons la iournée.

Fin du cinquiesme & dernier Acte.

www.ingramcontent.com/pod-product-compliance
Lightning Source LLC
LaVergne TN
LVHW052110090426
835512LV00035B/1488